ARMORIAL GÉNÉRAL

DE

L'ANJOU

D'APRÈS

LES TITRES ET LES MANUSCRITS DE LA BIBLIOTHÈQUE NATIONALE,
ET DES BIBLIOTHÈQUES D'ANGERS, D'ORLÉANS, ETC.
LES MONUMENTS ANCIENS,
LES TABLEAUX, LES TOMBEAUX, LES VITRAUX, LES SCEAUX,
LES MÉDAILLES, LES ARCHIVES, ETC.

PAR

M. Joseph DENAIS

OFFICIER D'ACADÉMIE,

Membre de la Commission Archéologique de Maine-et-Loire, de la Société des Antiquaires de l'Ouest,
des Antiquaires de Normandie, des Sociétés historiques et archéologiques du Maine,
de Touraine, du Limousin, etc.

DEUXIÈME FASCICULE

ANGERS

GERMAIN ET G. GRASSIN, IMPRIMEURS-LIBRAIRES
RUE SAINT-LAUD.

1879

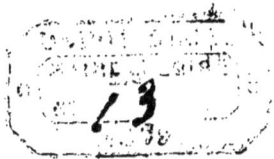

Aubigny (d') ou d'Aubigné.

D'argent à la fasce de gueule chargée de trois besans d'or.

Gencien, mss. 996, p. 13. — Audouys, mss. 994, p. 14. — Gohory, mss. 972. — Guy le Borgne (Armorial breton, 1667), donne ces armes à d'Aubigny du Vaige. — La peinture du château de Versailles, salle des Croisés, supprime *les besans.*

D'or à trois biches passantes de gueule deux en chef et une en pointe.

D'Hozier, mss., p. 98.

V. d'Aubigné. — De Morel. — Marquis.

Aubigny (d') ou d'Aubigné, — de la Jousselinière.

De gueules au lion d'argent.

Audouys, mss. 994, p. 14.

Aubin de la Bouchetière.

D'argent à une hure de sanglier de sable, accompagnée de trois croissants de gueule.

Ou bien :

De gueule à une aigle d'argent.

D'Hozier, mss., p. 943.

Aubin du Chastaignier, — de Roche-Pozay.

D'or au lion passant de sinople.

Mss. 995, p. 70.

Aubin de Chambille, — de la Picaudière.

D'argent à trois chevrons alaisés ou coupés de gueule.

Audouys, mss. 994, p. 7. — Armorial mss. de 1608, p. 14. — Roger, mss. 995, p. 8. — Gencien, mss. 996, p. 30.

Aubin de Nerbonne, — de Morelles, — de Chenillé, — de Chavigné ; — dont un maître des eaux et forêts d'Angers, xvii° siècle ; un conseiller au présidial d'Angers,

6

en 1698 ; Mathurin, garde-scel au présidial, xvɪe siècle, et David, son fils, poète ; Jean-Baptiste, juge au présidial en 1771 ; Henri, président fondateur de la Société philharmonique, mort en 1844 ; Henri J.-B., fils du précédent, et petit-fils de J.-B., peintre et littérateur, mort en 1849.

D'azur à une bande d'argent, chargée de deux aulx de sinople.
D'Hozier, mss., p. 1275.

Aubin de Malicorne.

De sable à trois poissons d'argent posés en fasce l'un sur l'autre.
Audouys, mss. 994, pp. 7 et 8. — Gencien, mss. 996, p. 13.
— Sainte-Marthe, p. 739.

Aubinaie (de l').
V. de Juigné.

Aubineau des Moulins.

Lozangé d'or et de gueule.
Gencien, mss. 996, p. 16. — Audouys, mss. 994, p. 14.

Aubinière (de l').

D'argent à un pal de sable, accosté de deux cœurs de gueule en fasce.
Audouys, mss. 994, p. 109. — Mss. 995, p. 118. — Gencien, mss. 996, p. 47. — Audouys, p. 7, disait... *pal de gueule.*
V. Le Restre. — Patry. — De Racapé.

Aubriats (de l').
V. Dupont.

Aubrière (de l').
V. Lefebvre. — Trépied.

Aubron.

D'azur à une oie d'argent.
D'Hozier, mss., p. 971.

Aubry.

D'azur à trois arbres d'argent posés deux et un.

D'Hozier, mss., p. 1398.

D'azur à une grue d'argent.

D'Hozier, mss., p. 1269.

Aubus (des) de Juigné-Béné-sur-Maine, — du Plessis-Greffier, — de Cherolles; — dont Joachim, écuyer d'écurie de la reine Anne de Bretagne, en 1498.

De gueule au lion rampant d'argent, accompagné de trois potins ou aiguières de même, deux en chef et une en pointe.

Roger, mss. 995, p. 14. — Audouys, mss. 994, pp. 5 et 6. — Gencien, mss. 996, p. 12.

Aubusson (d') de Semblançay; — dont Antoine, sénéchal et bailli d'Anjou, mort en 1481, frère de Pierre, grand-maître de Rhodes en 1477 et cardinal en 1488.

D'or à la croix ancrée de gueule.

Mss. 703 de la Biblioth. nationale. — P. Anselme, t. V.

Audebant de Villegaye; — dont Aymeric, écuyer dans la compagnie d'Olivier de Clisson en 1375 :

D'argent à la croix patée et alaisée de sable, accompagnée de trois cormorans de même.

Mss. 703 de la Biblioth. nationale.

Audouin de la Blanchardière, — de Danne, — des Chateliers, — de la Belinnière, — de Villettes, — de la Germannerie, — de la Roche, — de la Chenaie, — de la Midière, — de la Chalousière; — dont Pierre, maire d'Angers en 1649 ; Pierre-André , lieutenant-général de la police et subdélégué de l'intendant de Tours, 1729 ; Charles, conseiller du roi, doyen de l'Université d'Angers , mort en 1696.

De gueule à trois coquilles de pèlerin d'argent posées deux et une.

D'Hozier. mss., p. 60. — Audouys, mss. 994, p. 5. — Dumesnil d'Aussigné, mss. 995, p. 11. — Gencien, mss. 996, p. 7. — Mss. 439 à la Bibliothèque nationale. — Le mss. d'Orléans, le mss. 972 et Gaignières, p. 91, disent... *coquilles d'or...*

Audouys de la Cleraudière, — de la Proutière ; —

dont Joseph, historien et héraldiste du XVIIIe siècle.

De gueule à trois losanges d'argent posés deux et un.

D'Hozier, mss., p. 928.

Audray (de l').

V. de Bouillé.

Aufray.

D'argent à trois chevrons de sable.

D'Hozier, mss., p. 944.

Augardière (de l'),

V. Le Gras. — Dubois.

Augé (d').

V. Le Prévost. — De Lancrau.

Augeard.

De.... à un lévrier passant de....

Sceau, XVIIe siècle, au musée de Beaufort.

Augeard de la Membrolle; — dont Jacques, secrétaire des commandements de la reine en 1777.

D'azur à trois jars ou oies d'argent.

Carré de Busserolle, p. 83.

Augier de Cremiers, — de Moussac.

D'or à trois croisillons de sable, chaque croix pommetée de même au bras supérieur.

Sceau. — L'Armorial général mss. (Poitiers, 1698) dit :

D'or à une croix ancrée de gueule, cantonnée de quatre roses de même.

Aulnay (d') ou **Aulnais** (des).

V. Patry. — D'Aunay. — Des Aunais. — Gohin. — Hervault. — Leclerc. — Bedé. — Coustard. — De Launay.

Aulnerie (de l').

V. Gaures.

Aulnières (d') ou Daunières ; — dont Geoffroy qui, avec Philippe de Bazoges, donnèrent l'église de Crosmières à l'évêque Ulger, vers 1125 ou 1149.

De sable à six écussons d'argent posés trois, deux et un.

Gaignières, Armorial mss., p. 21. — Armorial de 1608, mss. 995, p. 20. — Audouys, mss. 994, pp. 7, 8 et 67. — Le mss. d'Orléans et Gencien (mss. 996, p. 12), disent *de gueules à six écussons d'argent posés trois, deux et un*, comme Mathefelon. — Le mss. 703, à la Bibliothèque nationale, dit *de... à six écussons de...*, ou bien, *d'azur semé de billettes d'argent.* — V. d'Aunière.

Aumagny (d').

V. Daumagny.

Aumont.

De sable semé de lames d'argent.

D'Hozier, mss., p. 1431.

Aumont (d'),

dont Roger, évêque d'Avranches, abbé de Saint-Georges-sur-Loire, en 1651-1653 ; César, vicomte de la Guerche, gouverneur et lieutenant-général de Touraine, mort en 1661 ; des maréchaux, des chambellans, un ambassadeur, etc.

D'argent à un chevron de gueule accompagné de sept merlettes de même, quatre en chef et trois en pointe.

Devise : *Uni militat astro.*

Mss. 995, p. 74. — P. Anselme, tome IV.

Aunais (des).

V. Aulnais. — De la Motte des Aunais. — Leclerc. — Hervault.

Aunay (d').

V. d'Auber. — Le Pelletier. — De Langan. — De Montberon.

Aunay (de l').

De gueule à trois arbres d'or posés deux et un.

Ou bien :

D'argent à un lion de sable, armé, lampassé de gueule.

Gaignières, Arm. mss., p. 33. — V. de Launay et de l'Aulnay.

Aunay (de l') de Maldeneure, — de la Brosse, — de Champigné, — de Monriou, — du Grand-Maillé.

D'argent au sautoir de gueule, cantonné de quatre roses de même.

Armorial mss. de 1608, p. 4. — Gaignières, mss., p. 38. — Roger, mss. 995, p. 17. — Mss. 439. — Dumesnil, Armorial mss., p. 16. — Audouys, mss. 994, p. 106, dit aussi d'après Ménard, Launay de la Brosse : *D'argent à trois têtes de cerf de sable.*

Aunière (d'), dont un abbé de Mélinais en 1407.

De gueule au lion d'or, armé et lampassé de sable.

Armorial mss. de 1608, p. 20. — V. d'Aulnières.

Aurilly (d').

V. de la Jaille,

Ausserie (de l').

V. Bouvery.

Aussigné (d').

V. de Crespy. — Gaultier. — Porcheron. — Dumesnil. — Bertin.

Autel.

De gueule à la croix d'argent cantonnée de vingt billettes d'or en sautoir.

Cimier : *Un vol de l'écu.*

Gencien, mss. 996 de la Biblioth. d'Angers, p. 15.

Autichamp (d').

V. de Beaumont d'Autichamp. — Binet.

Autriche (d'), xvɪᵉ siècle.

De gueule à la fasce d'argent.

Mss. 995, p. 55.

Autrives (d') de Chennevière, — de Commarcé.

D'argent à deux bandes d'azur, à la bordure de gueule.

Note mss. de Rangeard. — Audouys, mss. 994, p. 15. - D'Hozier, mss., p. 351. — Dumesnil d'Aussigné. mss. 995, p. 11. — Mss. 14 de la Biblioth. nationale.

Autun (d').

V. de Blégny.

Auvais.

V. Auvé. — Auvers.

Auvé du Genetay,

Auvé du Genetay, — de la Mothe-de-Pendu, — du Plessis-Havard, — de Sougé, — du Bruant, — du Broussin, — du Plessis-Bouré, — de Feillé, — de la Ventrouse, — de Belle-Fontaine, — de Champiré, — de Raguin, — de Chazé, — de la Noiraie, — d'Aubigny, — de Poligny ; — dont Jean, juge général des duché d'Anjou et comté du Maine, 1370.

D'argent à une croix pleine de gueule, cantonnée de douze merlettes ou colombes de même, trois à chaque canton.

Gohory, mss. 972, p. 30. — Les Auvé ont écartelé leurs armes :

Aux premier et quatrième d'Auvé (comme ci-dessus), aux deuxième et troisième de Vendôme qui est d'argent au chef de gueule et un lion d'azur brochant sur le tout, armé, couronné et lampassé d'or, et sur le tout de Beaumont-le-Vicomte (V. ce nom).

Ils ont écartelé aussi de Pierre du Plessis-Baudoin (V. ce nom.)

Ménage, Vie de P. Ayrault, p. 122 et Hist. de Sablé, première partie, p. 179. — Armorial mss. de 1608, p. 4. — Roger, mss. 995, p. 16. — Audouys, mss. 994, pp. 5 et 6. — Mss. 995, p. 94. — Gencien, mss. 996, p. 11.

Françoise Auvé fut abbesse du Roncelay, 1529-1549.

Auvé de la Fontaine.

D'argent à une fasce denchée par le bas de gueule accompagnée en chef de deux étoiles d'azur et en pointe d'un croissant de même.

D'Hozier, mss., p. 338.

Auvé de Genièbre.

De gueule à un chevron d'argent accompagné de trois étoiles de même deux en chef et une en pointe.

D'Hozier, mss., p. 341.

Auvergnas.

V. Chaperon.

Auvergne (les comtes d').

De France au bâton d'or posé en barre.

Mss. 995, p. 68.

Auvers (d') de Montafray ; — dont Robin, l'un des arbitres entre Guillaume de Craon et Robert de Dreux, en 1337.

D'azur à trois chevrons d'argent, ou bien : *de sable à la bande d'or coticée d'argent.*

Mss. 703. — Gohory, mss. 972, p. 75, dit : « point de blason. *une fasce accompagnée de trois tourteaux ou besans, deux en chef et un en pointe.* » — V. Le Maçon.

Auverse (d').

V. Gaudicher. — Du Fresne.

Auvillars (d').

V. Dauvet.

Aux-Épaules de Mont-Sainte-Marie, — de la Guerche, — de Laval.

De gueule à une fleur de lis d'or.

Audouys, mss. 994, p. 7. — Mss. 995, p. 73.

Auxy de l'Estorsière.

D'azur à trois fasces d'or.

Devise : *Et toi, Auxy !*

Dumesnil d'Aussigné, mss. 995, p. 11.

Availloles (d') de Meigné, — de Roncée, — de Négron; — dont Joachim, abbé de Chaloché en 1564.

De sable à la fasce d'argent chargée de cinq losanges de gueules et accompagnée de six fleurs de lis d'argent.

Carré de Busserolle, p. 87. — Un abbé de Montierneuf, xvᵉ siècle, portait : *De... à une canne de sinople, le chef de... chargé de trois roses de...* (Tombeau à l'abbaye de Montierneuf, dessin de Gaignières, à Oxford, tome I, p. 135.)

Avaise (d').

V. de la Marzelière.

Avaugour (d') de Neufville, — de la Plesse, — du Buron, — de Perropin.

Depuis 1220 :

D'argent au chef de gueule.

Devise : *Utimur.*

Jusqu'alors ce n'était que le contre-scel de la famille, les armes anciennes étant :

Écartelé d'argent et de gueule.

Audouys, mss. 994, p. 5. — Mss. 995, p. 67. — Armorial mss. de 1608, pp. 4 et 20. — Gencien, mss. 996, p. 11. — Guillaume, bailli des exemptions de Touraine, Anjou et Maine en 1418, brisait : *Le chef de gueule d'une cotice d'azur.* — D'après un sceau de 1198, cité par Courcy : *Un arbre de... chargé de trois pommes.*

Avaugour (d') de Vertus, dits de Bretagne, barons de Mayenne; — dont Henri, doyen de Saint-Jean-Baptiste d'Angers, archevêque de Bourges, mort en 1446.

Écartelé aux un et quatre de Bretagne ; aux deux et trois contre-cartelé d'Orléans et de Milan : sur le tout d'argent au chef de gueule qui est d'Avaugour.

Audouys, mss. 994, p. 6. — Mss. 995, p. 67. — V. de Bretagne.

Aveline de Narcé, — de Saint-Mars, — de la Garenne, — du Bois-de-la-Cour, — du Clos, — de

Monbenault, — de Champiré, — de Grugé ; — dont Charles, botaniste, écrivain, premier secrétaire perpétuel de l'Académie d'Angers en 1764 ; René, trésorier de France, à Tours, 1666.

D'azur au double chevron d'or, accompagné en chef de deux étoiles de même et en pointe d'une rose d'argent.

Mss. 993. — D'Hozier, mss., p. 77. — Dumesnil d'Aussigné, mss. 995, p. 11, dit... *en pointe de deux croissants accostés et montant d'argent.* — Audouys, mss. 994, dit... *de deux étoiles de gueule et en pointe d'une feuille de même.* — Mss. 439, à la Bibliothèque nationale. — Le mss. 14 dit... *un chevron... et en pointe un croissant d'argent bordé de gueules.*

Avené (d').

V. Charlot.

Avenel (d').

Écartelé aux un et quatre d'azur à trois lambels à trois pendants d'or posés deux et un ; aux deux et trois d'argent à un chevron d'azur accompagné de trois roses de gueule.

Les d'Avenel de Normandie portaient : *De gueule à trois aiglons d'argent.*

Sceau. — D. P.

Averton de Belin ; — dont Adrien et Louis figurant à la première croisade ; Geoffroy à la troisième.

De gueule à trois jumelles d'argent.

Audouys, mss. 994, p. 14. — Gencien, mss. 996, p. 13.

Avesnes (d').

Bandé d'or et de gueule de six pièces.

Gencien, mss. 996, p. 13.

Aviau (d') de Montfort-l'Amaury.

De gueule au lion d'argent ayant la queue nouée, fourchée et passée en sautoir qui est des anciens comtes de Montfort.

Sceau. — D. P.

Aviré (d').

V. de l'Eschenau. — Du Rateau.

Aviré (le prieuré d').

De sable à une croix d'or.

D'Hozier, mss., p. 916.

Avoine (d') de la Jaille, — de Gastines, — de Fougeré, — de la Pommeraie, — de Combrée, — de Vitré, — de la Meignannerie, — de Hardic ; — dont André, annobli en 1460, secrétaire du duc de Bretagne, et clerc général des montres de ses gens de guerre en 1475.

De gueule au léopard d'argent.

Mss. 439 et 703 de la Biblioth. nationale. — Audouys, mss. 994, pp. 15 et 62. — Dumesnil d'Aussigné, mss. 995, p. 14. — D'Hozier, mss., p. 539, donne les mêmes armes aux d'Avoine de la Meignannerie, dont Jean, maire d'Angers en 1540 et 1551-1553, à qui Gencien, mss. 996, p. 4, et le mss. 993, attribuent les armes suivantes :

D'argent au léopard de gueule.

L'Armorial général attribue aux d'Avoine de la Jaille les armes ci-dessous :

D'argent à une barre d'azur écartelée d'azur à une barre d'argent.

D'Hozier, mss., p. 1514. — On donne encore aux d'Avoine les armes :

De gueule à une bande d'or accompagnée en chef d'un alérion d'or.

V. L'Abbé.

Avoir de Château-Fromond, — de Verez, — d'Érigné, — d'Avrillé, — de la Turmelière — (fondue dans du Bueil) ; — dont Pierre, chambellan de Charles VI, sénéchal et châtelain d'Angers, mort en 1390 ; Isabeau, abbesse de Fontevrault, morte en 1284.

Anciennes armes :

D'argent au lion d'azur au lambel de trois pendants de même brochant sur le tout.

Armes modernes :

De gueule à la croix ancrée d'or.

Supports : *Deux sirènes.*

Cimier : *Une aigle issante.*

Cri de guerre : *D'Avoir.*

Audouys, mss. 994, pp. 14, 29 et 63. — Mss. d'Orléans. — Gaignières, Armorial mss., p. 5. — Sceau de 1378 cité par M. de Courcy. — Gohory, mss. 972, p. 107. — Ménage, Histoire de Sablé, première partie, p. 269

Avoir de Monberon.

D'argent semé de trèfles d'azur à deux dauphins ou barbeaux adossés de même.

Armorial mss. de 1608, p. 4. — Mss. 995, p. 107. — Audouys, mss. 994, p. 14. — Gencien, mss. 996, p. 13, dit : *De gueule semé de trèfles d'or...* — V. de Chambes. — De Monberon.

Avril.

D'or à un arbre arraché et ébranché, mais qui repousse de nouvelles branches, de sinople.

D'Hozier, mss. pp. 565 et 889.

De gueule à trois coquilles d'or.

D'Hozier, mss., p. 926.

JULIEN AVRIL, écuyer, sénéchal au siége de Saumur, en 1698, portait :

D'argent à un arbre arraché de sinople, et un chef d'or chargé de trois roses de gueule, surmontées d'un lambel de sable à trois pendants, parti d'azur à une bande d'or accostée de deux croissants de même.

D'Hozier, mss., p. 181.

MATHIEU AVRIL, curé de Vivy (1636-1739), portait :

D'argent à un arbre de sinople fruité de même, cotoyé de deux marguerites d'or ligées et feuillées de sinople, le tout sur une terrasse de même.

D'Hozier, mss., p. 601.

JEAN AVRIL, écuyer, major du château d'Angers (xviiᵉ siècle) :

De sinople à un chêne d'or.

D'Hozier, mss., p. 62.

Avril de Boutigné ou Boutigny, — de la Fosse ; — dont Michel, président en l'élection d'Angers au xvIII^e siècle.

D'azur au chevron d'argent accompagné de six besans d'or, trois et deux en chef, et un en pointe, au chef d'or chargé d'un lion issant de sable, armé et lampassé de même.

Audouys, mss. 994, p. 15. — D'Hozier, mss., p. 689, dit simplement *trois besans d'or.*

Avril de la Durbellière.

D'azur à trois poissons d'argent posés en pal.

D'Hozier, mss., p. 1267.

Avril de Lourmais, — de la Grée.

D'argent au chevron de gueule chargé de trois roses d'or, accompagné de deux têtes de lion de sable posées en chef, et d'une étoile de même en pointe.

Audouys, mss. 994, p. 6.

Avril de Pignerolles, — de Chauffour, — de la Jominière, — de la Vérouillère, — du Mesnil-Aménard, — de Praigny ; — dont François, écuyer de la grande écurie du roi, fondateur de l'Académie d'équitation d'Angers, vers 1680 ; Claude, capitaine au régiment de la reine en 1724 ; Marcel, fusillé en 1794 ; Arsène, capitaine-commandant au régiment de Bourgogne-cavalerie en 1790 ; et plusieurs habiles écuyers angevins.

D'argent à un chevron de gueule chargé de cinq besans d'or et accompagné de trois roses de gueule deux en chef et une en pointe.

D'Hozier, mss., p. 583. — Audouys, p. 15.

Avril de Louzil, — de la Roche, — de la Prévoté, — de Méron, — de Ballée, — du Mont, — de la Chauvière, — de la Burlière, — de Lancrau, — de Trevenegat; — dont Maurice, conseiller au Parlement de Bretagne en 1668, comme plusieurs des siens en 1642, 1676 et 1705; Julien, sénéchal de Saumur en 1668; Jean, poète du XVIᵉ siècle.

D'argent au chêne arraché de sinople, au chef d'azur chargé de trois étoiles d'argent.

Audouys, mss. 994, p. 6. — Dumesnil d'Aussigné, p. 11, le mss. 703 et le mss. 14 disent qu'au lieu d'*étoiles* les Avril portèrent d'abord *trois roses rangées d'or*, en même temps que *trois roses de gueule accompagnant l'arbre.* — Mss. 439, à la Biblioth. nationale.

Avrillé (d').

V. de la Jaille. — D'Avoir. — De la Perrière. — Le Tourneux.

Avrillé (le prieuré d').

D'or coupé de sable à un lion de l'un en l'autre lampassé et couronné de gueule.

D'Hozier, mss., p. 515.

Aymar de la Roche-Quentin, — de la Richaudière, — de la Foullanderie, — de Château-Regnard.

De gueule à la colombe essorante d'argent, tenant en son bec un rameau d'olivier d'or au chef cousu d'azur chargé de trois étoiles d'or.

Audouys, mss. 994, p. 8.

Aymeret de Gazeau.

V. Amaury.

Aynes.

Écartelé de gueule et d'or.

Gencien, mss. 996, p. 15.

Ayrault de Saint-Hénis ou Saint-Thénis, — de Chemans, — de la Lande-Niaffle, — des Hêtres, — de la Bouchetière, — du Rocher, — de la Roche-d'Écuillé, — de Chauvon, — d'Andigné, — des Gates, — de la Moisandière, — de Belligan ; — dont René, Jean et Pierre maires d'Angers en 1556, 1578 et 1615 ; François, prieur de Bécon et d'Aviré vers 1550, avocat au Parlement ; Pierre, jurisconsulte, écrivain, mort en 1601 ; René, jésuite, procureur de province à Rome, mort en 1644 ; Guillaume, prieur de l'abbaye de Saint-Nicolas ; François, garde des sceaux de France en 1543, mort en 1544, ancien président au Parlement de Turin ; Colin, taxé entre les nobles de Montjean pour payer la rançon du roi Jean, en 1360.

D'azur à deux chevrons d'or.

Mss. 439.— Gaignières, Armorial mss., p. 85. — Mss. 972, p. 28. — Dumesnil d'Aussigné, mss. 995, p. 11. — Armor. mss. de 1608, p. 23. — Mss. d'Orléans. — Roger, Arm. mss., p. 15. — Mss. 995, p. 12. — Gencien, mss. 996, pp. 4, 5 et 6. — Balain, mss. 867, p. 472. — M. Port dit que Jean susdit brisait *d'une étoile d'or posée en cœur* (Diction. I, p. 180). — Un portrait gravé de Pierre Ayrault, 1615, donne cette devise :

It fama per orbem.

Ayrault des Jardins.

D'azur à trois lis de jardin d'argent posés deux et un.

Mss. 993. — V. Erreau. — Errault.

Azay (d') ou d'Azé.

V. du Breuil. — Des Escotays. — De la Roë.

Azé (le prieuré d'), aujourd'hui commune du département de la Mayenne.

D'azur à un bâton pastoral d'or.

D'Hozier, mss., p. 1209.

Azincourt (d').

D'argent à une aigle éployée de gueule.

Mss. 995, p. 66.

B

Babaud.

D'azur à un cygne d'argent.

D'Hozier, mss. de la Bibliothèque nationale, p. 875.

Babault.

De gueules à un sautoir d'argent.

D'Hozier, mss., p. 1140.

Babbay.

De gueules à deux jumelles d'argent.

Gencien, Armorial mss. 996, p. 25.

Babin.

De sable à deux chevrons d'argent.

D'Hozier, mss., p. 1137.

Fascé d'argent et de gueules de six pièces.

D'Hozier, Armorial général mss., p. 922.

D'or à une croix ancrée de sable.

D'Hozier, mss., p. 987.

Palé d'argent et de gueules de six pièces.

D'Hozier, mss., p. 945.

Babin (François), chancelier de l'Université d'Angers, mort en 1734.

De sable à une colombe en pied d'argent et un chef d'argent chargé de deux trèfles de sable et soutenu d'or.

D'Hozier, mss., p. 69.

Babin de la Dive.

D'or à une croix fleuronnée de gueules.

D'Hozier, mss., p. 1137.

Babinard.

De gueules à la croix fleurdelisée d'or.

Sceau.

Babinerie (de la).

V. de Montortier.

Babottière (de la).

V. Romy.

Babou de la Bourdaisière, — de Brain-sur-l'Authion, — de Mondoubleau, — de Sagonne, — de Givray, — du Solier, — de Thuisseau, — de Clos-Lucé, — de la Ménardière, — de Chissé; — dont Michelle, abbesse du Perray-aux-Nonains en 1584; Philibert, surintendant des finances, 1524; Jean, chevalier de l'ordre du roi, maître général de l'artillerie, 1567; Philibert, cardinal, évêque d'Angoulême et d'Auxerre, ambassadeur à Rome.

D'argent à un dextrochère de gueules sortant d'un nuage d'azur tenant trois babous ou trois brins de vesce de sinople en rameau.

Roger, Armorial mss., p. 15. — Armorial de 1608, p. 5. — Gohory, mss. 972, p. 25. — Gencien, mss. 996, p. 21. — Mss. 995, pp. 81 et 88. — Audouys, mss. 994, p. 19. — Mss. d'Orléans. — M. Carré de Busserolle écartèle aux un et quatre comme ci-dessus, *et aux deux et trois de sinople au pal d'argent, parti de gueules au pal d'argent.*

Bacardon (de).

V. Estart.

Bachelier de Bercy, — de la Perrière ; — dont Joseph, officier de cavalerie en 1776, maire d'Avrillé en l'an XII.

D'argent au pin arraché de sinople.

Audouys, mss. 994, p. 36.

Bachelier de l'Ecotais.

Échiqueté d'argent et d'azur.

D'Hozier, mss., p. 960.

Bachelot de la Bachelotière, — de la Fourerie.

D'azur à un chevron d'or accompagné en chef de deux étoiles rangées de même et en pointe d'un croissant d'argent.

D'Hozier, mss., p. 55.

Badin de l'Angerie.

De gueules à deux fasces d'hermines.

D'Hozier, mss., p. 563.

Baffer (de).

D'hermine à la fasce de gueules.

Audouys, mss. 994, pp. 21 et 29. — Voir Launay-Baffer.

Bagie de Bérins.

D'argent à la fasce crénelée par en bas de trois pièces d'azur, au chef de gueules chargé de trois étoiles d'or.

Audouys, mss. 994, p. 37.

Bagneux (le Prieuré de la Trinité de Mauléon de).

D'or à une croix de gueules.

D'Hozier, mss., p. **1032**.

Bagneux (de).

V. Frottier. — Baigneux. — Gilles. — Blondé.

Bagnolet de Villoutreys, — du Bas-Plessis, — de Clérembault, — de Saint-Laurent-des-Mortiers, — de Beaumont.

De sable à trois roses d'argent posées deux et une.

Audouys, mss. 994, p. 27.

Bagottaie (de la).

V. Poulain.

Baguelin de la Duferie, — de la Vasousière.

De sable au chevron d'or accompagné d'un trèfle aussi d'or posé en pointe.

Le Laboureur, Généalogie de la Duferie. — Audouys, mss. 994, p. 27, ajoute que cette famille se disait descendue de la maison Baglioni, de Pérouse, qui portait *d'azur au lion léopardé d'or appuyé de la patte droite sur un bâton noueux de même*, auxquelles armes elle ajouta depuis *trois fleurs de lis d'or en chef* par concession de nos rois en faveur de leurs services ; les cadets brisaient *d'un lambel de quatre pendants de même*.

Bahou ou Bahourd de la Rogerie, — du Moulin de la Pierre, — de la Gaillardière.

D'argent à trois roses de gueules.

Gohory, mss. 972, p. 41. — Audouys, mss. 994, p. 25. — Roger, Armorial mss., p. 17. — Mss. d'Orléans.

Baïf (de) de Mangé, — de Verneil-le-Chétif ; — dont Guy, abbé de Saint-Aubin d'Angers, 1412-1442; Lazare, maître des requêtes de François 1er, etc.

De gueules à deux lions passants d'argent, au chef d'argent.

Mss. d'Orléans. — Gaignières, Armorial mss., p. 12. — Le mss. 995, p. 92, ajoute *armés et lampassés d'azur.* — Gencien, p. 21. — Gohory, mss. 972, p. 77, et l'Armorial mss. de 1608, p. 5, donnent à la famille de Baïf les armes ci-dessous :

D'azur à deux lions passants ou léopardés d'or l'un sur l'autre.

Baïf des Briottières, — des Pins, — de Mangé, — de l'Éperonnière, — de l'Épineux, — du Chevreul.

De gueules (ou de sable) à deux lions léopardés d'or posés l'un sur l'autre au chef d'argent.

Devise : *Rerum vices.*

Audouys, mss. 994, p. 18. — V. Baillif.

Baigneux (de) de Luvardinière.

De sable à trois étoiles d'or posées deux et une.

Dubuisson, Armorial des principales maisons du royaume. — D'Hozier, mss., p. 1210, dit :

D'argent à trois fasces d'azur.

V. Gilles. — Bagneux.

Baillergeau; — dont Pierre, conseiller, commissaire aux revues des troupes, à Beaufort, 1700; Jean, médecin, mort en 1851.

D'or à trois balais de sable posés deux et un.

D'Hozier, mss., p. 1262.

Bailleul (du).

D'hermines à la fasce d'or.

Roger, Armorial mss. 995, p. 13.

Bailleul (du) de Hercé; — dont Guérin et Simon, croisés en 1158.

D'argent à trois têtes de loup de sable arrachées de gueules et lampassées de même, posées deux et une.

Audouys, mss. 994, p. 29. — V. de Champagne.

Bailleul (du) de Châteaugontier; — dont Nicolas, surintendant des finances, 1643; Louis, président à mortier du Parlement de Paris, 1701; son fils et son petit-fils, aussi présidents à mortier en survivance.

Parti d'hermines et de gueule.

Audouys, mss. 994, p. 26.

Baillif.

De gueules à trois quintefeuilles d'or.

D'Hozier, mss., p. 929. — **V. Baïf.**

Baillou de La Brosse.

D'or à trois hures de sanglier de gueules posées deux et une.

Sceau. — D. P.

Bain (de) de Bouzillé; — dont Jean, taxé deux écus entre les nobles de Champtoceaux pour la rançon du roi Jean, en 1360.

D'or à trois ancres de sable.

Mss. 703 de la Bibliothèque nationale.

Baindellière (de la).

V. Devaulx.

Bainville.

D'azur semé de croisettes au pied fiché d'or à la croix pleine d'argent brochant sur le tout.

Gencien, mss. 996, p. 15.

Baissey.

D'azur à trois quintefeuilles d'argent.

Devises : *Assez monte qui s'abaisse ! — Vive ut post vivas.*

Gencien, mss. 996, p. 25.

Balbes (des).

V. Berton de Crillons.

Balesme.

De sable à une fasce d'or écartelé d'or à une barre de sable.

D'Hozier, mss.. p, 1522.

Balincourt (de).

V. Testu.

Balirot.

D'argent à une bande de sable écartelé de sable à un pal d'argent.

D'Hozier, mss., p. 1514.

Balladé (du).

V. du Tronchay.

Ballain.

D'azur à une bande d'argent.

D'Hozier, mss., p. 929. — Le même, p. 923, dit :

De sable à un lion d'or.

V. Ballin.

Ballan de Cinq-Mars ; — dont François, abbé d'Asnières, 1706-1721.

L'Armorial de Busserolle donne aux de Balan de Sonnay, près Chinon, xv⁰ siècle, les armes suivantes :

D'azur au balancier d'or accompagné en chef d'une étrille accostée de deux étoiles, le tout de même, et en pointe d'un croissant d'argent.

Ballée (de).

V. Avril. — Chevrier. — De Girard.

Ballemont.

Burelé d'argent et de gueules.

Armorial de Gencien, mss. 996, p. 25.

Ballière (de la).

V. des Herbiers.

Ballin.

D'argent au glaive de gueules posé en pal la pointe en haut.

Sceau. — V. Ballain.

Ballodes (de).

V. Rachère.

Ballots (de).

V. de Farcy.

Ballue (de) du Chemin, — de la Fontaine, — du Bois.

D'argent au chevron de gueules accompagné de trois merlettes de sable deux en chef et une en pointe.

Généalogie de 1668, mss. 14. — Mss. 439. — Audouys, mss., 994, p. 34. — L'Armorial de Du Plessis, mss. 995, p. 11, dit... *chevron d'or.* — V. Balue.

Balluère (de la).

V. Pamart. — De Launay.

Baloirie (de la).

V. Levêque.

Baluchon.

V. de la-Lande.

Balue, — dont Jean, cardinal, évêque d'Angers, 1463-1491; Jean de la Balue-Villepreux, chevalier de Malte en 1533; Antoine, évêque de Saint-Pons, 1467.

D'argent au chevron de sable accompagné de trois têtes de lion arrachées de gueules lampassées d'azur, les deux du chef affrontées.

Mss. 993. — Le mss. 703 de la Bibliothèque nationale dit *d'or* au lieu *d'argent.* — V. Ballue.

Balzac (de) d'Illiers, — d'Entragues; — dont Louis, abbé de Bellefontaine en 1710.

D'azur à trois sautoirs d'argent, au chef d'or, chargé de trois sautoirs d'azur.

La Chesnaye-des-Bois, éd. de 1863, tome II, p. 246.

Banchereau de Richemont; — dont un avocat à Saumur en 1612, poète tragique.

D'argent à trois fasces de sable.

D'Hozier, mss., p. 1014.

Bannel de Villefort.

De sable à une bande d'argent chargée de trois tourteaux de sinople.

D'Hozier, mss., p. 1348.

Bans (des) de Montalais, — de la Noullière, — de l'Ouvrinière, — de l'Angebaudaie, — de la Baronnière.

D'argent à l'aigle éployée de sable.

Cimier : *Un lion issant d'or.*

Supports : *Deux lions d'or.*

Audouys, mss. 994, p. 30.

Bar (de) de Baugy, — de Villemenard, — de Creu, — de Folanon.

Fascé, emmanché d'or et de gueules de quatre pièces, le chef d'or chargé d'une aigle de sable.

Mss. 995, p. 53. — De la famille qui possédait la Guerche et Savigny. — M. de Busserolle et La Thaumassière, Hist. du Berry, donnent aux de Bar de Baugy :

Fascé d'or et d'azur de neuf pièces.

Bar-Lorraine (de); — dont Jean, comte de Salmes, chevalier du Croissant en 1464.

D'azur à deux bars adossés d'or dentés et allumés d'argent, l'écu semé de croix recroisettées au pied fiché de même.

Cimier : *Un chapeau retourné d'hermines engoulé par deux bars la queue en haut.*

Mss. 993 et 999.

Baracé (de) de la Motte-Baracé.

D'argent au lion de sable accompagné de quatre merlettes de même mises en demi-orle à dextre, une d'icelles sur la pointe.

Devise : *Lenitati fortitudo comes.*

Mathieu de Baracé était abbé de Mélinais en 1298.

Armorial de 1608, p. 24. — Mss. 995, p. 90. — Mss. d'Orléans. — Mss. 972, pp. 23, 79. — V. Marquis. — De la Motte-Baracé. — D'Etriché.

Baraillon.

D'argent à un lion de gueules et une barre d'or brochant sur le tout.

D'Hozier, mss., p. 167.

Baralery du Fresnay, — du Petit-Fontenay.

D'or à un lion de gueules couronné d'argent.

D'Hozier, mss., p. 956.

Baranger (de).

V. Maignan.

Barangères (des).

V. de Tusseau.

Barangerie (de la).

V. de Cierzai.

Baraschin.

D'or à une bande d'azur chargée de trois croissants d'argent.

Sceau.

Barassé.

V. Baracé.

Baratière (de la).

V. de la Bigottière.

Baraton (de) de la Frelonnière, — de Varenne, — du Boureau, — de la Touche, — de Champiré, — de la Roche-Baraton, — de la Brosse, — d'Ambrières, — de la Chenaie, — de L'Ile-Baraton ; — dont un poète, mort en 1720; Jean taxé quatre écus entre les nobles de Beaupréau pour la rançon du roi Jean en 1360 ; et François, grand échanson de France jusqu'en 1519. (Éteinte dans la seconde moitié du XVIᵉ siècle.)

D'argent à une fasce fuselée de cinq pièces de gueules accompagnée de sept croix pattées de sable quatre en chef et trois en pointe.

Généalogie de 1668, mss. 14. — Armorial de 1608, p. 24 et mss. 972, pp. 9, 27 et 67. — Mss. 996, p. 17. — Mss. 995

p. 93. — Mss. d'Orléans. — Le mss. 703 de la Bibliothèque nationale cite une verrière de Grugé où les armes sont *écartelées de Sully et sur le tout de Craon.* — Armorial mss. de Du Plessis, p 11. — Mss. 439. — Le Père Anselme, t. VIII, dit... *le champ d'or.* — D'Hozier, mss., p. 351, dit... *croix pattées d'azur.*

Les armes modernes, que portait Catherine Baraton, abbesse de Nyoiseau, 1464-1480, sont :

D'azur à trois lions d'or au chef de même chargé de cinq fusées de gueules rangées et posées en pal.

Audouys, mss. 994, p. 18. — Roger, Armorial mss., p. 7. — Mss. 996, p. 21. — Mss. 972, p. 27. — Armorial mss. de 1608, p. 6, dit.... *quatre fusées.* — Mss. 703 de la Bibliothèque nationale. — V. de Sévigné.

Barault (de Morannes).

De sable à un baril ou barault d'or.

Armorial mss. de 1608, p. 6. — Mss. 972, p. 35. — Roger, p. 9. — Audouys, mss. 994, p. 22. — Mss. 996, p. 21. — Mss. 995, p. 112. — Mss. d'Orléans. — V. Barrault.

Barbat.

V. Le Barbu.

Barbechat (de), dont un commissaire pour la taxe des nobles de la sergenterie de Maulge en 1360.

De... à un léopard de... accompagné de six croisettes de... trois en chef et trois en pointe.

Mss. 703. — Sceau de 1365 cité par M. de Courcy.

Barbedor.

D'argent à une hure de sanglier de sable, les défenses d'argent, au chef de gueules chargé de trois annelets du champ.

Mss. 993. — Mss. 996, p. 22.

Barbée (de la).

Losangé d'or et d'azur.

Mss. d'Orléans. — Armorial mss. de 1608, p. 6. — Roger, p. 12. — Mss. 995, p. 111. — Mss. 996, p. 20. — V. Gilles. — Dureyl. — De la Berardière.

Barbereau (de).

V. Genault.

Barberie (de la) de la Pommeraye, — de Malville.

D'azur au lion d'or.

Armorial mss. Dumesnil, p. 11. — D'Hozier, mss., pp. 349, 350.

Barberie (de la) de Saint-Contest, — de la Châtai-gneraie, — de Courteil.

D'azur ou de sinople à trois têtes d'aigle arrachées d'or.
Armorial de Dubuisson.

Barbier.

D'azur à une croix d'or.

D'Hozier, mss., p. 995. — V. de L'Epinay–Barbier.

Barbier de Montault (Marie-Joseph-Xavier), prélat-domestique de Sa Sainteté, historiographe du diocèse d'Angers, 1858, chanoine d'honneur d'Anagni, comte de Latran, grand-croix de l'ordre royal de François Iᵉʳ, commandeur du Saint-Sépulcre, chevalier de Saint-Sylvestre et de l'Éperon-d'Or, officier d'Académie en 1879, etc.

Écartelé au premier et quatrième de gueules au chevron d'or accompagné de trois molettes d'éperon d'or posées deux et un, qui est Barbier ; aux deux et trois d'azur à deux mortiers de guerre superposés d'argent, allumés de gueules qui est Montault.
L'écu appuyé sur la grand'croix de l'ordre de François Iᵉʳ de Naples, en pointe la croix de commandeur du Saint-Sépulcre, sommé du chapeau violet à trois rangs de houppes de même.
Sceau.

Barbot.

D'argent à trois aigles de sable.

D'Hozier, mss., p. 966.

D'argent à une bande d'azur et un chef de gueules chargé d'un soleil d'or.

D'Hozier, mss., p. 908.

Barbot du Martray, — de la Roche-Tinard, — de Mirebeau; — dont Jean, maire d'Angers, 1625-1628; Joseph, lieutenant en l'élection d'Angers, 1733.

D'azur à la fasce d'or chargé de trois aiglettes éployées de gueules membrées de même, accompagnées de trois couronnes, de trois fleurons d'or deux en chef et un en pointe.

Mss. 993, 996, p. 7. — Mss. 972, p. 160. — Audouys, mss. 994, p. 22, dit... *fascé d'argent...* — Mss. d'Orléans.

Barbotière (de la).

V. Lecornu. — de Meaussé.

Barbotin de la Tour-Barbotin, — de la Forêt du Parc.

De gueule à trois quintefeuilles d'hermines surmontées d'un lambel de trois pièces d'azur mouvantes du chef.

Et quelquefois :

De gueule semé de quintefeuilles d'hermines.

Mss. 703 de la Bibliothèque nationale.

Bardin du Parc, — de la Borde, — de Bonzannes, — de Beaulieu ; — dont Louis, conseiller-secrétaire du roi en son grand conseil, XVIᵉ siècle.

D'azur à trois croix pattées d'or rangées en fasces, surmontées d'un croissant d'argent et soutenues de deux étoiles accostées d'or.

Généalogie de 1667, mss. 14. — Mss. 995. — Armorial Dumesnil, p. 11. — D'Hozier, mss., p. 126. — Audouys, p. 35. — Mss. 703 de la Bibliothèque nationale.

Bardou du Plessis, — du Pré.

D'argent à trois coquilles de gueules posées deux et une.

Audouys, mss. 994, p. 27. — M. de Courcy dit :

De gueules à trois coquilles d'or.

Bardoulière (de la).

V. Fournier.

Bardoul (de la Bigottière); — dont Michel, architecte, né en 1735.

De sable à une rose d'or accompagnée de trois croix ancrées d'argent deux en chef et une en pointe.

D'Hozier, mss., p. 1403. — V. Bardou.

Baré.

D'or à trois pals de sinople.

D'Hozier, mss., p. 1199. — V. de la Barrée.

Bareins (de).

V. de Corsan.

Barexey.

D'azur au lion d'argent accosté de trois roses de même deux en chef et une en pointe à la bordure d'or.

. Gencien, mss. 996, p. 25.

Barguin de Villeseptier, — des Landelles.

D'argent à la croix de gueules chargée de neuf macles d'or et cantonnée de quatre hermines de sable.

Mss. 995, p. 118.

Baril (du).

V. Jarret de la Mairie.

Barillé ou Barillon de Somloire, — de Chantelou.

De gueules à trois barillés couchés d'or cerclés de sable posés deux et un.

Audouys, mss. 994, p. 16. — Mss. 996, p. 24. — Mss. 703.

Bariller de la Jaille.

D'argent à trois fasces de gueules surmontées de trois aigles de sable.

D'Hozier, mss., p. 990.

Barilleries (des).

V. des Hommeaux.

Barillon de Somloire.

V. Barillé.

Barin de la Galissonnière, — de la Ruillère, — de Bois-Geffroy, — de Lessongère, — de Chantel, — de Pescheul, — du Pallet, — de la Guerche; — dont Augustin, député à l'Assemblée Constituante, grand sénéchal d'épée, de la province d'Anjou, en 1789.

D'azur à trois papillons d'or posés deux et un.

Audouys, mss. 994, p. 17. — Grandpré, César armorial, 1645, p. 34, dit *un papillon.*

Barizy.

De gueules au chef d'argent chargé de deux têtes de maure de sable.

Gencien, mss. 996, p. 25.

Barjot de Cholet, — de la Jumellière, — de Chaudefons, — de Moussy, — de la Combre, — de Roncé, — de Pimpéan.

D'azur à un griffon d'or à l'étoile de même en chef au canton dextre.

Roger, mss. 995, p. 2. — Audouys, mss. 994, p. 29. — Le même, p. 19, ainsi que le mss. 995, p. 85, et le mss. 993, blasonnent :

D'azur au griffon d'or chargé sur l'épaule d'un écu de gueules à la bande d'or, chargée de trois croissants montants d'azur et au premier canton d'une étoile de six rais d'or en chef vers le canton dextre de l'écu, le griffon regardant l'étoile.

Cimier : *Une tête de licorne d'argent.*

Supports : *Deux licornes d'argent.*

Barnabé de la Boulaie, — de la Haye-Fougereuse, — de la Papottière.

D'azur à la croix d'or cantonnée de quatre colonnes de même.

Audouys, mss. 994, p. 18.

Baron du Verger; dont un général, mort en 1874.

D'or à trois poires de sinople.

Audouys, mss. 994, p. 28.

Baronnière (de la).

V. des Bans. — Froger. — De Bonchamps. — Sibille.

Barot (de) de la Roche de Daillon, — du Ponceau.

De gueules à trois fasces ondées d'hermines.

Gencien, mss. 996, p. 20. — Audouys, mss. 994, p. 37. — V. Foureau. — De la Roche de Coron.

Barral (Louis-Mathias de), archevêque de Tours, mort le 7 juin 1816 :

De gueules à trois bandes d'or.

Sceau. — H. Simon, Armorial de l'empire, p. 57, dit *bandes d'argent*, et ailleurs :

Écartelé au premier de comte-sénateur qui est de gueules à un serpent d'argent entortillé autour d'un miroir, une croix pattée d'or au premier quartier ; au deuxième d'or à trois cloches d'azur rangées en fasce ; au troisième d'argent à trois bandes de gueules ; au quatrième de sinople à la croix pattée d'or.

Barrault.

D'or à la croix de sable chargée de cinq coquilles d'argent.

Gencien, mss. 996, p. 19. — Audouys, mss. 994, p. 37. — Mss. 972, p. 109. — V. Chalopin. — Gillier.

Barrault de la Coudre, — de la Chauvière, — des Essarts, — de Mortaing; — dont Olivier, trésorier de Bretagne, maire d'Angers, 1497 et 1504-1505; Jean, abbé de Chaloché, 1448-1486; J.-B., capitaine de l'artillerie d'Angers, échevin en 1474.

D'or à deux léopards lionnés de gueules au chef d'Anjou–Sicile qui est *d'azur semé de fleurs de lis d'or bordé de gueules.*

Mss. 972, p. 145. — Audouys, mss. 994, p. 26. — Gencien, mss. 996, p. 2, attribue ces armes au maire d'Angers. — Les Barrault de la Chauvinière surmontent simplement *les léopards d'un lambel à trois pendants d'azur.* — Mss. d'Orléans.

Barre (de la).

Semé de France au lion de... chargé en cœur d'un écu ogivé de... appuyé sur deux clefs en sautoir.

Sculpt., xv⁰ siècle, à Vaux, de Montreuil–sur–Loire.

Barre (de la) de la Haute-Pierre; — dont Jacques, chevalier de Malte en 1653.

D'or à trois fusées d'azur posées en fasce, écartelé, fascé, d'or et d'azur de six pièces,

Audouys, mss. 994, pp. 27, 29. — D'Hozier, mss., p. 357, dit : *d'azur à trois fusées d'or...* — Le mss. 439 dit en 1666 :

Écartelé aux un et quatre d'azur à trois fusées d'or, aux deux et trois d'azur à trois fasces d'or.

Barre (de la) du Teilleul.

D'azur à trois pommes de pin d'or.
Mss. 703.

Barre (de la).

D'azur à trois fasces d'or et une bande d'argent brochant sur le tout.

D'Hozier, mss., p. 892.

Barre (de la) du Buron, — de la Brière, — de la Pommeraie, — de la Roulaie, — de Préaux, — de Villegrand, — du Plessis-Mauril, — du Bigon, — du Fougeray.

De gueule au léopard passant d'argent.

Dumesnil, mss. 995, p. 16. — Mss. 439. — D'Hozier, mss., pp. 424, 427. — Audouys, mss. 994, p. 27. — Le même, p. 223, donne aux seigneurs du Buron, de l'Arbouère (La Boissière), de la Pommeraie, de la Roulaie.... *un léopard d'or.*

Barre (de la) de la Boisselière.

D'argent à une bande d'azur chargée de trois crousilles d'argent et accostée de deux merlettes de sable une en chef et une en pointe.

D'Hozier, mss., p. 128.

Barre (de la) de Chargé, — de la Maison-Blanche.

D'or à six croissants montants de sable posés trois, deux et un.

Mss. 439.

Barre (de la) de Vauduchon, — du Bougeard, — de Fontenay, — de L'Etang, — de Mont-Chauvon, — de la Martinière, — d'Aubigny.

D'azur à la bande d'or accompagnée de deux croissants de même un en chef et un en pointe.

Audouys, mss. 994, p. 22. — Mss. 995, p. 121. — D'Hozier, mss., pp. 293, 299. — Le mss. 993 donne à un de la Barre, maître-école d'Angers, *d'azur à la barre d'or...* — Le mss. 993 donne à un lieutenant criminel de Chinon : *d'or à la bande de gueule...* — Le mss. 439 donne aux seigneurs de Bougeard ou Beaugeard :

D'or à six croissants montants de sable posés trois, deux et un.

Barre (de la) de la Roche-de-Noyant, — de Linière, — de la Roche-Craonnaise, — de Châtillon.

D'argent à deux fasces de sable accompagnées de cinq hermines de sable posées trois entre les deux fasces et deux en pointe, et de trois tourteaux de gueule en chef.

Mss. 995, p. 112. — Audouys, mss. 994, p. 23.

Barre (de la), archevêque de Tours en 1528.

D'argent à un chevron de gueules accompagné de trois étoiles de sable, au chef d'azur, à une bordure engrelée de sable.

Carré de Busserolle.

Barre (de la).

V. D'Estriché. — Drouillard. — De Chivré. — D'Heliand. — Morel. — Robert. — De Seillons. — D'Andigné. — D'Avoyne. — De la Tigeonnière. — De la Primaudaie. — De la Brosse.

Barré de la Fromenteraye, — de Villedé.

D'azur à trois fasces d'or et une bande de gueule brochant sur le tout.

D'Hozier, mss., p. 881, ou bien, p. 1009 :

D'or à trois corbeaux de sable posés deux et un.

Barreau (de).

V. Jamelot.

Barrée (de la).

V. De l'Esclau. — De la Primaudière. — Declosia.

Barres (des).

D'azur à trois léopards rampants d'argent lampassés de sable couronnés de gueule.

Mss. d'Orléans.

Losangé d'or et de gueules.

Devise : *Ad superostandum stemmata penna vehit.*

Roger, mss. 995, p. 4. — Audouys, mss. 994, p. 39.

V. Bellanger. — Mordret. — De la Boissière. — Du Houssay.

Barrette.

D'azur à une tour crénelée de quatre pièces d'argent maçonnées de sable et un chef d'argent chargé d'un lion naissant de gueule.

D'Hozier, mss., p. 519.

Barrière (Louis-Charles), imprimeur à Angers, 1739, consul des marchands en 1753, avait pour marque :

Une femme assise sous un dais, la main gauche posée sur un globe, la main droite sur un livre, près d'une bibliothèque chargée de livres.

Devise : *A la science.*

Imprimés. — C. Port. Diction. I, p. 212.

Barrière (de la).

De gueule à la barrière de tournoi d'or de six pièces clouées d'argent.

Audouys, mss. 994, p. 16. — Mss. 993.

V. Lebarroys. — Dureyl. — Thierry.

Barrin.

V. Barin.

Bartanay (de).

Écartelé en bannière d'or et d'azur comme de Tournemines.

Mss. 995, p. 74.

Barville.

D'argent à deux bandes de gueule.

Devise : *Dieu à nous !* — Et encore : *Soldat et brave.*

Mss. 996, p. 23. — Audouys, mss. 994, p. 37.

Bascher.

Parti au premier de sable à trois chevrons d'argent accompagné en pointe d'un chabot d'or; et au deux d'argent à trois chabots de gueule deux en chef et un en pointe.

D'Hozier, mss., p. 560.

D'azur à trois bandes d'or.

D'Hozier, mss., p. 1027.

De gueule à trois cornets d'or.

D'Hozier, mss., p. 1028.

Baschu.

D'argent à quatre fasces de gueule,

D'Hozier, mss., p. 1011.

Basourdy.

V. Bazourdy.

Bas-Plessis (du).

V. Chenu. — Bagnolet. — Hubert. — De Chaudron. — Berard.

Bas-Rozay (du).

V. Buignon.

Basse-Coudraie (de la).

V. Beauvau.

Basse-Cuerche (de la).

V. de la Trimouille.

Basse-Harderie (de la).

V. Bodin.

Basse-Rivière (de la).

V. d'Espinay. — Veillon.

Basse-Sauvagère (de la).

V. de Martineau.

Basses-Minières (des).

V. Foulon.

Basset.

De sinople à un pal d'argent écartelé d'argent à un pal de sinople.
Devise : *Valentior omni fortuna animus.*
D'Hozier, mss., p. 1529.

Basse-Ville (de).

V. Dupré. — Veillon.

Basse-Vue (de).

V. Minier.

Bassompierre (de).

D'argent à trois chevrons de gueule.

Cimier : *Un écusson de ses armes accompagné d'un vol d'argent issant d'une couronne ducale d'or.*

Gencien, mss. 996, p. 15. — Le maréchal de Bassompierre portait pour devise :

Da l'ardore l'ardire.

Bassonnière (de la).

V. Brodière.

Bassourdi.

D'azur à trois besans d'or posés deux et un.

D'Hozier, mss., p. 888.

Bastard de la Pargère, — de Fontenay, — de la Bouillonnière, — de la Salle, — du Bost, — de la Roche.

D'argent à un demi-aigle de gueule mi-parti d'azur à une demi-fleur de lis d'or.

Devise : *Sanguis regum et Cæsaris.*

D'Hozier, mss., p. 713. — Mss. 439. — Dumesnil, mss. 995. p. 11, brise pour la branche de Fontenay, de la Roche et de la Paragère *d'un lambel d'argent de trois pièces.*

Bastardière (de la).

V. Dolbeau. — Erreau. — Joubert.

Bastel de Crussol (Gérard), archevêque de Tours en 1467.

Fascé d'or et de sincple de six pièces.

Carré de Busserolle, p. 109.

Basville (de).

V. de Saint-Aignan.

Bataillerie (de la).

V. de Houdan.

Batefort (de) de l'Aubespin ; — dont François, abbé de la Boissière en 1679.

D'azur au sautoir d'or accompagné de quatre billettes de même.

D'Hozier, mss.. Paris, I, p. 990.

Bau.

V. Beau.

Baubigné de Chaunay, — de Villettes, — de Baudon.

D'argent à trois chevrons de gueule.

Mss. d'Orléans. — Audouys, Arm. mss. 994. p. 36.

Baubigny (de).

V. Lanier.

Bauçay (de).

V. de Beaucé. — Vergnault. — Baussay.

Baucerazière (de la).

V. Loriot.

Bauche (de la).

V. Boylesve.

Baucher (de) de la Garde, — de la Cormière, — du Ponceau, — du Pré-Beauchamps ou Pré de Bonchamps, — de la Porte de Felines, — de la Porée.

De gueule au lambel de cinq pendants d'argent.

Dumesnil, mss. 995, p. 11. — Mss. 439. — D'Hozier, mss.. p. 173. — Généal. de 1666, mss. 14. — V. Bauscher.

Baucourt (de).

D'argent au lion de gueule armé, lampassé, couronné d'or.

Mss. 993, p. 25.

Baudard.

Bandé d'argent et d'azur de six pièces.

D'Hozier, mss., p. 873.

Baudard de Sainte-Gemmes-sur-Loire, — de Vaudésir; — dont un receveur des tailles de l'élection d'Angers, qui eut pour fils, Georges, trésorier général des colonies françaises, 1748 ; un directeur de la manufacture de toiles à voiles de Beaufort au XVIIIᵉ siècle.

D'azur au dard d'or posé en pal la pointe en haut,

Devise : *A beau dard, noble but,*

Audouys, mss. 994, p. 30,

Baude de la Vieuville, — du Lude; -- dont un lieutenant-colonel de la garde de Louis XVI, maréchal de camps, 1791.

D'argent à trois têtes de loup arrachées de sable.

De Courcy. — Cauvin dit :

Fascé d'or et d'azur de huit pièces les deux premières fasces d'or chargées de trois annelets de gueule un et deux.

Baudimant.

Écartelé aux un et quatre d'argent à la croix nilée d'azur; aux deux et trois parti émanché de sable et d'argent de huit pièces.

Gencien, mss. 996, p. 23. — Audouys, p. 37.

Baudin de la Foucheraie, — de Villechêne.

D'argent au lion de gueule à deux floquets d'hermine en chef.

Mss. d'Orléans. — Armorial mss. de 1608, p. 6. — Roger, p. 17. — Gencien, mss. 996, p. 22. — Audouys, mss. 994, p. 39. Le même, p. 16, dit.... *à deux rocs déchiquier d'hermines.*

Baudinan (de) de Mayet.

Parti émanché ou fascé en pointe d'argent et d'azur de chacun de six pièces.

Mss. d'Orléans. — Armorial mss. de Gaignières, p. 27. — Roger, mss. 995, p. 20. — Armorial mss. de 1608, p. 6. — Gencien, mss. 996, p. 20. — Audouys, mss. 994, p. 26, dit... *d'azur ou de sable.* — Le mss. 995, p. 98, dit.... *d'argent et de sable...*

Baudoche.

D'argent à trois chevrons de gueule à la fasce d'azur accompagnée de deux tours d'or ajourées de sable.

Gencien, mss. 996, p. 25.

Baudon (de).

V. Baubigné.

Baudouin.

D'argent à trois roses de gueule pointées de sinople boutonnées d'or.

D'Hozier, mss., p. 912.

Baudouinaie (de la).

V. de Cuillé.

Baudricourt (de).

D'or au lion de sable armé lampassé et couronné de gueule.

Devise : *Beau, dru et court.*

Gencien, mss. 996, p. 18.

Baudrier de la Bécantinière.

D'or à trois merlettes échiquetées d'argent et de gueules posées deux et une.

D'Hozier. mss.. p. 970. — V. le nom suivant.

Baudriller.

D'or à une croix pattée de gueule.

D'Hozier, mss., p. 1029. — V. le mot précédent.

Baudry (Charles-Théodore), né à Montigné-sur-Moine, évêque de Périgueux et de Sarlat, 1861-1863.

De gueules à la croix ancrée d'or, chargée en cœur d'un chrisme de sable.

L'écu timbré de la crosse épiscopale, surmonté d'un chapeau de sinople à trois rangs de houppes.

Devise : *Christum Dei virtutem et Dei sapientiam* (S. Paul, Ire aux Corinthiens, I, 24).

Sceaux et imprimés officiels.

Baudry de la Turpinière, — de la Gilbertière, — de Daillon, — du Joncheray, — de la Contrie.

D'or à l'aigle de sable onglé et becqué de gueule.

Dumesnil, mss. 995, p. 11. — Mss. 439. — Armorial mss. de 1608, p. 6. — Mss. 995, p. 100. — Roger, p. 11. — Mss. 995, p. 23. — Audouys, mss. 994, p. 20. — Mss. 992, p. 66. — Mss. d'Orléans. — Généal. de 1668, mss. 14.

Baudry de la Jobardière, — de la Rouardière, — de la Roche, — du Davy.

D'argent au sautoir engrelé de gueule accompagné de quatre têtes de lion de sable.

Audouys, mss. 994, p. 33.

Baudry de la Roché, — de Maillet.

D'azur à une bande d'or accompagné de six besans de même.

D'Hozier, mss., p. 953.

Baudry de la Chapellière.

D'or à un léopard de gueule passant derrière un lion de sinople.

D'Hozier, mss., p. 69.

Bauen.

D'argent à la bande de gueule chargée de trois aigles d'or.

Gencien, mss. 996, p. 18.

Baugaudry (de).

V. de Beauvolier.

Baugé de la Coupesse.

(Andry de Baugé assista Foulques, comte d'Anjou, en la guerre qu'il eut contre le roi d'Angleterre vers 1120).

D'azur à la croix engrelée d'argent.

Armorial mss. Dumesnil, p. 11. — Audouys, mss. 994, p. 38. — Le même, p. 29, donne aux Baugé... *de gueule à la croix ancrée d'or.* — V. Bernard. — De Quinemont. — De la Ville-Baugé. — De la Roche.

Baugé (de) du Bosquet.

D'argent à un sautoir de gueule accompagné de quatre merlettes de même une en chef deux aux flancs et une en pointe.

D'Hozier, mss., p. 355.

Baugé (la ville de).

D'argent au sanglier de sable baugé dans un buisson de sinople.

D'Hozier (Enregistré le 27 mars 1700).

Le corps des OFFICIERS DU GRENIER A SEL de Baugé.

D'or à un pal d'azur écartelé d'azur à une fasce d'or.

D'Hozier, mss., p. 1525.

Le corps des Officiers de la Maitrise des Eaux et Forêts de Baugé.

D'azur à une barre d'argent écartelé d'argent à une bande d'azur.

D'Hozier, mss., p. 1531.

Le couvent des religieuses Bénédictines de la ville de Baugé, établi en 1620.

D'azur à une barre d'or écartelé d'or à une fasce d'azur.

D'Hozier, mss., p. 1521.

Le couvent des religieuses Hospitalières de la ville de Baugé, établi en 1643 :

De gueule à une fasce d'or écartelé d'or à une bande de gueule.

D'Hozier, mss., p. 1522.

La communauté des Médecins, Chirurgiens et Apothicaires de la ville de Baugé.

D'or à une fasce de gueule écartelé de gueule à une bande d'or.

D'Hozier, mss., p. 1525.

La communauté des marchands Drapiers et Merciers de Baugé.

D'azur à un pal d'or écartelé d'or à une barre d'azur.

D'Hozier, mss., p. 1526.

La communauté des Tanneurs, Mégissiers, Corroyeurs, Cordonniers et Savetiers de Baugé.

De gueule à une barre d'argent écartelé d'argent à un pal de gueule.

D'Hozier, mss., p. 1526.

La communauté des Teinturiers, Chapeliers, Chandeliers, Selliers, Batiers et Bourreliers de Baugé.

D'azur à une fasce d'argent écartelé d'argent à un pal d'azur.

D'Hozier, mss., p. 1526.

La communauté des BOUCHERS, BOULANGERS, PATISSIERS, POULAILLERS, HOTELIERS ET CABARETIERS de Baugé.

De sinople à un sautoir d'argent.

D'Hozier, mss., p. 1527.

La communauté des TISSIERS, SERGETIERS ET TAILLEURS de Baugé.

De sable à une fasce d'or écartelé d'or à une fasce de sable.

D'Hozier, mss., p. 1527.

La communauté des SERRURIERS, CLOUTIERS, COUTELIERS, TAILLANDIERS, ARQUEBUSIERS ET MARÉCHAUX de Baugé.

De sable à une bande d'argent écartelé d'argent à une fasce de sable.

D'Hozier, mss., p. 1527.

La communauté des MENUISIERS, CHARRONS, CHARPENTIERS ET COUVREURS de Baugé.

D'or à une barre d'azur écartelé d'azur à une fasce d'or.

D'Hozier, mss., p. 1527.

La communauté des MAÇONS, TONNELIERS ET HUILIERS de Baugé.

D'argent à un pal de gueule écartelé de gueule à une bande d'azur.

D'Hozier, mss., p. 1528.

Baugère (de la).

V. Fourmont.

Baulme (de).

D'or à une bande vivrée d'azur.

Audouys, mss. 994, p. 23. — Mss. 995, p. 76. — Mss. 972, p. 117.

Bault (alliée aux de Humeau du Haut-Plessis).

D'or à un bélier de sable acorné d'argent.

D'Hozier, mss., p. 880.

Bault de Beaumont, — de Villemers, — de la Ragottière, — de Charruau, — de la Boulinière, — de la Mare du Vau ; — dont deux maires d'Angers, Toussaint, 1567 ; René, 1596 ; Charles, abbé de la Clarté en 1618 ; famille éteinte en Guérin du Grandlaunay.

D'azur à la palme et l'épée d'argent posée en pal, l'épée à la garde d'or la pointe en haut soutenues d'un croissant montant d'argent posé en pointe de l'écu la palme à dextre l'épée à senestre.

Mss. d'Orléans. — Mss. 439, 703 et 972, pp. 153 et 157. — Mss. 14. — D. P. — D'Hozier, mss., pp. 576, 74, 243. — Audouys, mss. 994, p. 16. — Gencien, mss. 995, pp. 5 et 6, dit... *palme d'or...* ainsi que l'Armorial mss. de l'abbé Goyet, cité par Lambron de Lignin , pp. 18 et 23. — Henri IV, reçu à Angers par René, l'autorisa à timbrer son écu d'une *couronne de comte.*

Bauné (de).

V. de L'Espinière. — De Beaune.

Baunes (de).

V. Guittau.

Bauran (Étienne), sénéchal d'Angers, XIIᵉ siècle.

Baussay (de), dont Guy taxé quatre écus pour la rançon du roi Jean en 1360 entre les nobles de Montrevault.

De gueule à la croix ancrée d'or.

Mss. 995, p. 69. — Gencien, mss. 996, p. 24. — Audouys, p. 37, le mss. 703 et de Sainte-Marthe intervertissent les émaux.

Bauscher (de).

D'argent à une fasce de sable accompagnée de trois molettes de même.

D'Hozier, mss., p. 1028. — V. Baucher.

Bautru des Matras, — de Nogent, — de Serrant, — de Segré, — de Vaubrun, — de Maulévrier, — de Cherelles, — de la Roulerie, — de Louvaines, — du Percher; — dont René, maire d'Angers en 1604; Maurice et Jean, érudits protestants en 1565-1580; Adam, premier capitaine au régiment de la Couronne en 1642; Charles, conseiller au Grand-Conseil en 1616; Guillaume, de l'Académie française; Guillaume, chancelier de Philippe d'Orléans en 1643; Armand, maréchal de camp en 1633; Nicolas, vainqueur d'Altenheim, 1675; Nicolas-Guillaume, abbé de Saint-Georges-sur-Loire, 1732-1746.

Les armoiries primitives de la famille étaient :

D'azur à un chevron accompagné de trois roses le tout d'argent.

Roger, Armorial mss., p. 1.

La famille substitua à *la rose* de la pointe de l'écu une *tête de loup arrachée.*

D'Hozier, mss., p. 155. — Armorial mss. de Dumesnil, p. 11. — Audouys, mss. 994, dit sans doute par erreur... *roses et tête de loup de gueule...* — Le mss. 995 dit... *un chevron et trois roses d'or...*

Le mss. 703, Gencien, mss. 996, p. 6, et le mss. 993 donnent au maire d'Angers les armes suivantes qu'a enregistrées M. Lambron de Lignin, p. 24 :

D'argent au chevron de gueule accompagné de trois roses de même.

Le mss. d'Orléans et le mss. 703 disent :

D'azur au chevron d'argent accompagné en chef de deux quintefeuilles de même et en pointe d'une tête de loup d'argent arrachée de gueule et lampassée de même, que portait Guillaume, comte de Serrant, intendant de la Généralité de Tours en 1744.

Bavile (de).

V. de Saint-Aignan.

Bavyn de Jallais.

D'azur au chevron accompagné de trois mains dextres d'argent posées en fasce.

Mss. 703 de la Bibliothèque nationale.

9

Baye (de) de Coislin.

D'azur au lion d'or.

Mss. 993.

Bayer-Boppart.

Écartelé aux un et quatre d'argent au lion de sable armé lampassé et couronné d'or; aux deux et trois de gueule à un dextrochère revêtu d'argent tenant une bague d'or accompagnée de trois croix fleuronnées de même posées deux et une qui est de Lozenit.

Mss. 995, p. 18. — Math. Husson, Le simple crayon de la noblesse de Lorraine et de Bar, 1674, p. 60.

Bazeau (de).

V. de Belaine.

Bazeille (de).

V. Goddes.

Bazemont.

D'azur à la clé périe en pal d'argent.

Devise : *Prudens simplicitas.*

Mss. 995, p. 18.

Bazile du Pin, — du Frène.

De gueule à trois merlettes d'or posées deux et une.

Audouys, mss. 994, p. 39.

Bazinière (de la).

V. Bazoges.

Bazoges (de) de la Péliconnière, — de la Bazinière, — du Bois-Robert, — des Touches, — de la Jumellière, — de Beaupréau.

Armes anciennes :

Losangé d'or et de gueule.

Gencien, mss. 996, p. 22. — Mss. 972, p. 109.

Armes nouvelles :

Écartelé au premier parti d'or et d'azur à trois chevrons de l'un en l'autre ; au deuxième d'argent à trois tourteaux ou besans de gueule posés deux et un ; au troisième de gueule à une croix tréflée d'argent ; au quatrième d'or à la croix fleuronnée d'azur.

Gencien, mss. 996, p. 20. — Armorial mss. de 1608, p. 6, et mss. 972, pp. 91, 109. — Audouys, mss. 994, p. 26. — Le mss. 703 de la Bibliothèque nationale dit :

D'azur à trois écussons d'argent.

V. Irland. — De Montespedon.

Bazouges (de), dont Hugues et Aremburge, sa femme, qui firent bâtir l'église de Bazouges, sur le Loir, vers 1048, que Raoul, leur fils, donna à l'abbaye de Saint-Serge.

D'azur au lion burellé d'argent et de gueules.

Mss. 703 de la Bibliothèque nationale. — V. de Champagne.

Bazouges de Boismoreau.

D'or à trois fasces de gueule.

D'Hozier, mss., p. 613. — V. de Champagne.

Bazourdy.

D'azur à un chevron d'argent accompagné de trois hérons d'or deux en chef affrontés et un en pointe, et un chef de gueule chargé d'une croix pattée d'argent accostée de deux étoiles de même.

D'Hozier, mss., p. 60.

Béarn (de).

D'or à deux vaches passantes de gueule acornées, accolées et claironnées d'azur.

Devise : *Gratia Dei sum id quod sum.*

Mss. 995, p. 55.

Beau.

V. Bau.

Beaubigny (de), dont Huet, chevalier, arbitre entre Guillaume de Craon et Pierre de Dreux en 1340.

D'or à cinq chaudrons de sable posés en sautoir.

Audouys, mss. 994, p. 34. — Ménage, Hist. de Sablé, p. 281. Mss. 703. — V. Lanier. — Baubigné.

Beaucé (de) ou de Beaussé.

D'azur à six chevrons d'or.

Mss. 972, p. 72. — Mss. 995. — Armorial mss. de Roger, p. 12. — Armorial mss. de 1608, p. 6. — Mss. 995, p. 111. — Gencien, mss. 996, p. 20. — Audouys, mss. 994, p. 25. — Ménage, p. 138. — Le mss. 993 dit :

D'argent à l'aigle à deux têtes de sable, à la cotice d'or posée en bande brochant sur le tout.

V. Du Guesclin. — De Bauçay. — Vergnault.

Beauchamps (de).

V. Richard. — Leloup.

Beauchesne (de).

V. Giroust. — Du Boys. — De Montmeja. — De Bonchamp. — De Juigné. — Leroy. — Rolland. — De Scépeaux. — Moncelet. — De l'Espinay. — De la Corbière.

Beaudemont (de).

Écartelé aux un et quatre d'argent à la croix ancrée d'azur ajourée d'argent en cœur; aux deux et trois parti danché de sable et d'argent.

Beaufort-en-Vallée (la ville de).

Anciennes armes :

D'azur à la tour crénelée d'argent ouverte et maçonnée de sable accompagnée de deux clefs d'argent posées en pal l'anneau en haut.

Ancien sceau de l'Hôtel-de-Ville; clef de voûte du chœur de l'église, peinture, XVIe siècle, détruite en 1876.

Les armes nouvelles inscrites à l'armorial officiel de 1703 sont :

De sinople à un lion d'argent armé, lampassé et couronné de gueule.

Le corps des OFFICIERS DU SIÉGE ROYAL de Beaufort.

D'or à la bande de sable chargée de trois coquilles d'argent.

D'Hozier, mss., p. 790. — Le même, p. 1255, dit :

D'or à une fasce de sable.

La compagnie des OFFICIERS DU GRENIER A SEL de Beaufort.

D'azur chargé de trois fleurs de lis d'or posées deux et une.

D'Hozier, mss., pp. 525, 1047.

La compagnie des OFFICIERS DE LA GRUERIE de Beaufort.

D'azur à trois fleurs de lis d'or posées deux et une.

D'Hozier, mss., p. 748.

Le PRIEURÉ-CURE de Beaufort.

D'azur à trois bandes d'or.

D'Hozier, mss., p. 581.

L'église Notre-Dame de Beaufort porte maintenant pour sceau :

D'azur à une tour et un lis d'argent posés le lis à senestre et la tour à dextre ; le chef d'argent chargé du chiffre MARIA de sable en lettres gothiques.

Devise : *Fortis et decora.*

La communauté des Notaires Royaux de Beaufort.

De sable à trois mains de carnation chacune tenant une plume à écrire d'argent et posées deux et une.

D'Hozier, mss., p. 980.

La communauté des religieuses Hospitalières de Beaufort.

D'azur à un saint Joseph d'or portant un lis d'argent et de sinople.

D'Hozier, mss., pp. 497, 1013.

La communauté des Avocats du Siége Royal de Beaufort.

D'or à un saint Yves de carnation vêtu d'une robe de palais de sable tenant en sa main un papier plié d'argent.

D'Hozier, mss., p. 874.

La communauté des Sergents Royaux de la ville de Beaufort.

De sable à trois plumes à écrire d'argent.

D'Hozier, mss., p. 1254.

LES COMTES DE BEAUFORT-EN-VALLÉE.

Hugues de Beaufort figurait entre les seigneurs angevins qui prêtèrent secours à Foulques, comte d'Anjou, en la guerre qu'il eut vers l'an 1110 contre le roi d'Angleterre, qui lui avait pris Amboise (mss. 703).

L'Armorial de 1608, mss. 995, p. 6. — Le mss. 996, p. 19. — Audouys, mss. 994, pp. 16, 39, donnent pour armes « très-anciennes » aux comtes de Beaufort :

Écartelé aux un et quatre d'or à la croix pattée de gueule à un filet ou cotice de sable brochant sur le tout ; aux deux et trois d'argent à l'aigle éployé d'azur au chef de même.

Audouys, p. 16, indique une variante aux armes ci-dessus...
aux un et quatre d'azur à une croix pattée d'argent... l'aigle éployé
d'azur membré de gueule... Mais ces armes doivent appartenir à
une autre maison de Beaufort. — Audouys cite encore celles-ci :

Écartelé aux un et quatre d'argent au lévrier rampant d'azur à
la bordure engrelée de même ; aux deux et trois d'argent à la bande
de gueule accompagnée de six roses de même mises en orle, sur le
tout de sable semé de billettes d'argent, et un lion rampant d'or
lampassé de gueule brochant sur le tout.

Pierre Roger, prieur de la Haie–aux–Bonshommes, puis pape
sous le nom de Grégoire XI, portait ainsi que les familles de
Canillac et de Turenne de Beaufort :

D'argent à la bande d'azur coticée de six roses de gueule mises
en orle.

Roger, Armorial mss., p. 5. — Mss. 972, p. 109. — Le
mss. 995, p. 75, et Audouys, mss. 994, p. 167, disent :

D'azur à la bande de gueule.

D'après Gohory, mss. 972, p. 91, les Roger–Turenne de
Beaufort portèrent :

Écartelé aux un et quatre coticé d'or et de gueule de douze
pièces ; aux deux et trois d'argent à la bande d'azur accompagnée
de six roses de gueule mises en orle.

Audouys, mss. 994, p. 16. — Gencien, mss. 996, p. 19.

Devise : *In bello fortis.*

V. Roger. — De Beaumanoir. — De la Tour. — Renou. —
De Maillé. — Jeanne de Laval. — Sardini, etc.

Beaugeard (de).

V. De la Barre.

Beaugency (de).

La maison de Beaugency, dont Hildegarde, fille de Lancelot,
troisième femme de Foulques IV, comte d'Anjou, mort en 1109,
porta :

Échiqueté d'or et d'azur à la fasce de gueule.

Mss. 703. — Hist. des grands officiers de la couronne, tome III,
p. 171. — Hélie de Beaugency, seigneur de La Flèche, portait
une croix de gueule sur son écu.

Beaugendre.

De gueule à deux chevrons d'argent accompagné de trois coquilles d'or deux en chef et une en pointe.

Sceau.

Beaugrand.

D'azur à une fasce d'argent chargée de trois roses de gueules.

D'Hozier, mss., p. 895.

Beaujeu (de).

D'or au lion de sable.

Devises : *A tout venant beau jeu. — Flandre !*

Cri de guerre : *Fort ! Fort !*

Sceau.

Beaujouan.

De sinople à cinq coquilles d'argent posées en sautoir.

D'Hozier, mss., p. 922.

Beaulieu (de).

V. D'Allongny. — De Bouillet. — Bérault. — Du Verger. — De Vahaye.

Beaulme (de).

V. de Baulme.

Beauloué de L'Etang.

D'azur à trois barbots d'argent mis en fasce l'un sur l'autre.

Mss. 995. — Armorial Dumesnil, p. 11. — Audouys, mss. 994, p. 38.

Beaumanoir (de) de Lavardin, — de Landemont, — de Beaufort-en-Vallée, — de Malicorne, — du Besseau ; — dont Robin taxé quatre écus entre les nobles de Chantoceaux pour la rançon du roi Jean en 1360 ; Jean, maréchal de France en 1601, etc.

D'azur à onze billettes d'argent posées quatre, trois et quatre.

D'Hozier, mss., p. 358. — Mss. 995, p. 65. — Gencien, mss. 996, p. 24. — Mss. 993. — P. Anselme, p. 337. — Audouys, mss. 994, p. 18. — L'Armorial mss. de d'Hozier, p. 1195, attribue aux de Beaumanoir les armes suivantes :

D'or à deux fasces de gueule.

Devises : *Bois ton sang Beaumanoir ! — J'ayme qui m'ayme !*

V. Poulain.

Beaumette (les Récollets de la).

V. Angers (8e du sommaire).

Beaumont-le-Vicomte (de) de La Flèche, — de Châteaugontier, — de Sainte-Suzanne, — de La Guerche, — de Pouancé, — de Segré, — de Passi, — de Villecomble, — de Gratecuisse, — du Lude, — de Montrevault ; — dont Marie, abbesse du Ronceray d'Angers, 1230 ; Raoul, croisé en 1218 ; Louis, tué à Cocherel ; Raoul, évêque d'Angers, 1177-1197.

Portaient primitivement :

D'azur au lion d'or.

Après environ l'an 1300, à la suite du mariage de Jean, neveu de saint Louis, avec l'héritière de Beaumont, ils portèrent :

De France ancien au lion ravissant d'or armé et lampassé de gueule.

Mss. 995, pp. 58, 76, 59. — Mss. 996, pp. 22, 77. — Audouys, mss. 994, p. 19. — Dupas, p. 301. — Tombeau de Raoul de Beaumont, à la cathédrale d'Angers, et Pocquet de Livonnière. — L'Armorial de 1608, p. 6, dit... *lion naissant d'argent.* — M. Ch. de Montzey, Hist. de La Flèche, II, p. 263, dit :

D'or à cinq chevrons b isés de gueules.

Jean Balain, mss. 867, p. 297, ajoute pour l'évêque Raoul de Beaumont, *un lambel à trois pendants de sable en chef,* armes qui, ainsi composées, appartenaient également à Guillaume de Beaumont, évêque d'Angers en 1203-1240 (V. Lehoreau, Cérémonial mss. de l'église d'Angers, n° 3). Le mss. 703 dit au contraire que l'évêque Raoul portait :

De gueules à l'aigle d'or, écartelé d'argent fretté de gueules (voir ci-dessous).

Jean de Beaumont, bailli d'Anjou en 1229, était peut-être de cette famille ?

Beaumont (de) de Bressuire, — du Plessis-Macé, — des Dorides, — de la Haie-Joulain, — de Sautré, — de Savonnières, — de Belmont.

Portaient anciennement :

De gueule fretté d'or de six pièces.

Audouys, mss. 994, p. 138. — Jean de Beaumont, d'après dom Lobineau, Hist. de Bretagne, portait en 1306 :

De gueule semé de fer de flèches d'argent à l'orle de douze besans de même.

A partir de 1290 environ, les de Beaumont du Plessis-Macé portèrent :

De gueule à une aigle éployée d'or chargée d'une étoile d'argent sur l'épaule droite et accompagnée de huit chausse-trapes ou fers de flèches d'argent rangés quatre en chef, quatre en pointe.

Mss. 703 à la Bibliothèque nationale.

Thibault de Beaumont portait à la fin du xvᵉ siècle :

Ecartelé aux un et quatre de gueule à l'aigle d'or accompagnée d'un orle de chausse-trapes d'argent ; aux deux et trois d'argent fretté de gueule de six pièces

Gencien, mss. 996, p. 22. — Mss. 995, pp. 75, 87. — Audouys, mss. 994, pp. 26, 138.

Beaumont (de) de la Forest, — de Verne.

De gueule à la bande d'or.

Audouys, mss. 994, p. 28. — Le même, à la page 29, donne à une famille de Beaumont :

De gueule à la barre d'or.

Beaumont (de) de Pied-de-Bœuf.

D'argent à trois pieds de bœuf de gueule onglés d'or.

Mss. 995, p. 68. — Gencien, mss. 996, p. 22. — Audouys, mss. 994, p. 37.

Beaumont (de) d'Autichamp, — de Montmoutier, — de la Florencière, — de Châteaugontier, — de Miribel;

— dont plusieurs lieutenants du roi, de la ville et du château d'Angers, et gouverneurs d'Anjou de 1667 à 1789 : Charles, 1667; Jean-Claude, 1675; Antoine, 1715; Louis, 1744; Charles, vicaire-général de Toulouse, 1759, guillotiné en 1793; François, évêque de Tulle en 1740; Jean, grand-croix de Saint-Louis, lieutenant général; Antoine-Joseph, lieutenant général en 1817, commandant du château d'Angers, 1768; Marc, maréchal de camp, commandant la Vienne en 1815; Charles-Marie, qui succéda à Bonchamps, en 1793, dans le commandement de l'armée d'Anjou, commandeur de Saint-Louis, pair de France.

De gueule à la fasce d'argent chargée de trois fleurs de lis d'azur et surmonté d'une couronne royale d'or.

Mss. 993 et 703. — Mss. 995, p. 120. — Gencien, mss. 996, p. 22. — Audouys, mss. 994, p. 21. — D'Hozier, mss., p. 55. — Ballain, p. 635. — A. Lecler, Armorial des évêques de Limoges, p. 25.

Beaumont (de).

V. Bagnolet. — Trochon. — Gilles. — Hiret. — Letourneux. — De Sales. — De Sorhoette. — Des Hommeaux. — Bault. — De la Bonninière. — De Harlay. — Chamaillart.

Beaune (de), dont Martin, évêque du Puy en Velay, abbé de Saint-Nicolas d'Angers, 1580 à 1584.

De gueule au chevron d'argent accompagné de trois besans d'or.

Mss. 995, p. 73. — L'archevêque de Tours, Martin de Beaune, de Semblançay, 1520–1527, portait les mêmes armes. — V. de Baune.

Beaupoil (de Saint-Hilaire de), dont Yrieux ou Yriex, abbé de Saint-Georges, 1747-1766; un sous-préfet de Saumur en 1873.

De gueule à trois couples de chiens d'argent mis en pal posés deux et un.

La Chesnaye-des-Bois, tome II, p. 706.

Beaupinière (de).

V. Boury.

Beauprée (de).

V. Beaupréau.

Beaupréau (la ville de).

D'or à une bande d'azur écartelé d'azur à une barre d'or.

D'Hozier, mss., p. 1506.

Le chapitre SAINTE-CROIX de Beaupréau.

De gueule à une croix haussée, alaisée d'or, au pied fiché de sable, cantonnnée de quatre fleurs de lis aussi d'or.

D'Hozier, mss., p. 498.

Beaupréau (de), premiers seigneurs de Beaupréau; famille éteinte au XIVe siècle.

D'azur à la fasce fuselée d'or de cinq pièces accompagnées de sept croix bourdonnées de même quatre en chef et trois en pointe.

Roger, Armorial mss., p. 4. — Gaignières, mss., p. 5, dit... *huit croisettes fleuronnées d'or.* — L'Armorial de 1608, p. 6, dit : *d'argent à six fusées de gueule... et six croisettes bourdonnées d'azur...*, comme Audouys, mss. 994, p. 19. — Gencien, mss. 996, p. 21, et le mss. 995, pp. 83 et 993, qui disent... *sept croisettes.* — Le mss. 703 dit *de gueule au lion d'azur.* — Le mss. d'Orléans dit... *huit croix patées d'or, quatre et quatre.*

V. de Montjean. — De Scépeaux. — Legras. — De Montespédon. — De Sainte-Maur. — Toublanc.

Beaupuis (de).

V. Croullon.

Beauregard (de).

V. de Boissy.

Beauregard (de) de Brain-sur-Longuenée.

D'azur à trois quintefeuilles d'argent posées deux et une.

Armorial mss. de 1608, p. 6. — Roger, mss., p. 14. — Mss. 972, p. 15. — Gaignières, mss., p. 13. — Gencien, mss. 996, p. 17. — Audouys, mss. 994, p. 17. — Mss. d'Orléans.

Beauregard (de) du Frêne, — de la Lande.

D'argent à un chevron d'azur (ou de sable) bordé d'azur et accompagné en chef de deux lions affrontés de gueule.

Mss. 993. — Audouys, mss. 994, p. 17. — V. de Bonchamp. — De Gueffront. — Guéry. — Marquis. — De Rallaye. — Du Sereau. — Bitault.

Beaurepaire (de).

De gueule à la fasce d'or chargée d'une étoile de gueule en abîme.

Gencien, mss. 996, p. 22. — Audouys, mss. 994, p. 23. — Mss. 972, p. 110.

Beaurepaire (de), dont Marc-Antoine, abbé de Chaloché, 1689-1727.

De sable à trois gerbes d'avoine d'argent posées deux et une.

D'Hozier, mss., p. 314. — V. Dolbeau. — De la Joyère.

Beaurepos (de).

V. de la Croix. — Lecornu.

Beaussire.

De sable à quatre fusées d'or en fasce accompagnées de six besans de même rangés trois en chef et trois en pointe.

D'Hozier, mss., p. 1141.

Beausse (la cure de).

D'azur à une fasce ondée d'argent accompagnée de trois émerillons d'or chaperonnés et grilletés de gueule deux en chef et un en pointe.

D'Hozier, mss., p. 527.

Beaussé (de).

V. De Beaucé. — De Bauçay. — Vergnault.

Beausse (de la), dont Marthe, première fondatrice de l'hôpital de Baugé, morte en 1676.

D'azur à six chevrons d'or le premier chevron brisé.

Mss. d'Orléans. — V. Heland.

Beausseraie (de la).

V. Dumesnil.

Beauvaie (de la).

V. de Farcy.

Beauvais (de).

V. Beraud. — De Cherité. — Gurye. — Herbereau. — De Melay. — Nepveu. — Ogier. — Seguin. — Lambalais. — Paillard. — De la Rainaie. — Gilles. — Binet.

Beauvau (de) du Rivau, — de la Bessière, — de la Treille, — de la Séguinière, — de Précigné, — de Sillé-le-Guillaume, — de Briançon, — de Cholet, — de Pimpéan, — de Tigny ou Tigné, — de Rothay, — de Saint-Melaine, — de Saint-André-de-la-Marche, — de la Rivière, — de Sauvageau, — de la Druère, — de la Brechoière, — de Luneau, — de la Grange-Guerre, — de la Fontaine, — du Pontonnier, — de l'Allier, — de L'Ardiller, — de la Tournerie, — de la Guignardière, — de la Basse-Godinière, — de la Maillochère, — de Ternay, — de Manonville — de la Basse-Coudraie ; — dont Marc, chambellan du roi René, mort en 1421, capitaine du château d'Angers ; Pierre, chambellan de Louis, roi de Sicile et duc d'Anjou, 1429 ; plusieurs lieutenants généraux ; des chevaliers des ordres, des sénéchaux et grands écuyers d'Anjou et de Lorraine ; deux évêques de Nantes au XVIIe siècle.

D'argent à quatre lionceaux cantonnés de gueule armés, couronnés et lampassés d'or.

Supports : *Deux hercules au naturel, couronnés et ceints de feuilles de chêne et appuyés sur leurs massues.*

Cimier : *Une tête de sanglier tournée à dextre.*

Devise : *Sans départir.*

Cri de guerre : *Beauvau !*

Roger, Armorial mss., p. 5. — D'Hozier, mss., p. 334. — Versailles, salle des Croisades. — Dumesnil, mss. 995, p. 11. — Mss. 993 et 999. — Gaignières, Armorial mss., p. 3. — Mss. 439, Jean de Beauvau, évêque d'Angers en 1451, brisait *en cœur d'une étoile à huit rais d'azur,* d'après une sculpture, XVe siècle, du château de Villevêque et de Livonnière, n° 15, Lehoreau, mss., n° 12. — Gaignières, mss. d'Oxford, tome Ier, p. 169, d'après le tombeau de la cathédrale d'Angers. — Bruneau de Tartifume, mss., p. 141. — L'Armorial mss. de 1608, p. 7, indique la même brisure à la branche de Pimpéan et de Cholet. — Ballain, mss. 867, p. 375, attribue les mêmes armes au chevalier du Croissant. — Gencien, mss. 996, p. 16, de même à la branche de Précigné et de Pimpéan, ainsi qu'un sceau du XVe siècle publié par M. Hucher, (Mon. de la Sarthe, pp. 172, 218). — La généal. de 1667, mss. 14, donne pour brisure *une étoile à cinq rais d'azur.* — Jean de Beauvau, mort en 1468, chevalier du Croissant et chef de la branche de Manonville, écartela de Craon qui est : *losangé d'or et de gueule.* — Gencien, mss. 996, pp. 25, 21. —

Audouys, mss. 994, p. 17. — Beauvau de la Bessière ou Beschière et du Rivau, d'après le mss. d'Orléans et Gencien, p. 21, portait, comme le tombeau de Marc, mort en 1421, dessiné par Gaignières, bibliothèque d'Oxford, tome I⁰ʳ :

D'argent à quatre lionceaux cantonnés de gueule armés, couronnés et lampassés d'or au bâton noueux écoté d'azur péri en bande ou cotice engrelée d'azur.

Bertrand de Beauvau, écuyer de René d'Anjou, chambellan de Louis XI, portait sur son tombeau, aux Augustins d'Angers, d'après les mss. 993 et 999 :

D'argent à quatre lionceaux mi-parti de sinople et de gueule, accompagné d'une étoile de... en cœur.

D'après Gencien, p. 16, et le mss. 993, Beauveau de Tigné, la Treille et la Séguinière, écartelait les armes de Beauvau et de Tigné, qui sont :

Gironné de gueule et de sable de huit pièces à quatre otelles ou amandes pelées d'or posées en sautoir les pointes en abîme brochant sur le tout.

Les Beauvau ont pour supports :

Deux sauvages d'or mouchetés de sable tenant chacun une massue d'or posée sur leurs têtes.

Cimier : *Une tête de sanglier au naturel, les défenses d'argent fendues mouflées.*

Devise : *Sans départir.*

La branche aînée fondue dans Bourbon-Vendôme en 1454. — V. Verdier.

Beauverger (de).

V. Tripier. — Herbereau.

Beauvezet (de).

V. Aimard.

Beauville (de).

V. Brunet.

Beauvilliers (de) de Saint-Aignan ; — dont Anne-Catherine, abbesse de Nyoiseau, 1684-1700, et son bisaïeul, Claude, gouverneur d'Anjou au XVIe siècle.

D'argent à trois fasces de sinople accompagnées de six oiseaux de gueule posés trois, deux et un.

Devise : *In tuto del core.*

Mss. 995, p. 97.

Beauvoir (de).

V. Lebailleul.

Beauvois (de).

V. de Pincé. — De Sorhoëtte. — De Cocquereau.

Beauvollier (de) de Baugaudry ; — dont Pierre, tué à Rocroy.

De gueule au double fer de lance d'argent posé en pal.

Mss. 439. — La généal. de 1667, mss. 14, dit :
Deux javelots mornés d'argent.

Bec (du), — dont Philippe, évêque de Nantes, abbé de Pontron en 1575 ; et Jean, aussi abbé de Pontron en 1586.

Fuselé d'argent et de gueules.

Sceaux.

Becanne (de la).

D'argent à un chevron de sable accompagné de trois canettes de même, deux en chef et une en pointe.

D'Hozier, mss., p. 352.

Becantinière (de la).

V. Baudrier.

Becdelièvre (de) de Sasilly ; — dont Guillaume, secrétaire du duc de Bretagne, annobli en 1442 ; Charles, évêque de Nîmes en 1738; plusieurs premiers présidents de Bretagne ; deux chevaliers de Malte ; quatre pages du roi ; deux brigadiers de cavalerie, etc.

De sable à deux épées la poignée tréflée d'argent accompagnées d'une crousille de même en pointe.

Devise : *Hoc tegmine tutus.*

Sceau. — M. de Courcy dit *deux croix* au lieu de *deux épées.*

Béchameil (Louis de), de Nointel, intendant de la généralité de Tours, 1680-1689.

D'azur au chevron d'or accompagné de trois palmes de même.

Carré de Busserolle, p. 121.

Bechillon (de).

D'argent à trois fuseaux de sable.

Sceau.

Bécon (de).

V. Chabot. — De Montjean. — De Pierre. — Le Veneur. — d'Acigné.

Becquet de Sonné.

De gueule à trois chevrons d'argent.

Sceau. — Le mss. 993 dit :

D'azur au chevron d'or cantonné de deux quintefeuilles de gueule, et en pointe d'une grue d'argent, au chef diminué, cousu de gueule, chargé de trois croissants rangés d'argent.

Bectière (de la).

V. Quinquet.

Bedasne.

De sinople à trois macles d'argent posées deux et une.

D'Hozier, mss., p. 886.

Bedé des Aulnais, — de Chasnay, — de Ruillé, — de Lestang, — des Fougerais, — de L'Oisillière ou L'Oisellière.

D'azur à la licorne passante d'or.

Dumesnil, Armorial mss. 995, p. 11. — Audouys, mss. 994, p. 38.

Les Bedé des Aulnais ajoutaient :

Un croissant montant d'argent sous le pied droit de devant de la licorne.

Les Bedé de Lestang portaient :

D'argent à la licorne de sinople.

Bedé de la Gourmandière.

La famille Bedé de la Gourmandière, d'après le portrait d'Abel Bedé, gravé en 1598, portait :

Écartelé aux un et quatre de... à un serpent de...; aux deux et trois de... à un oiseau de...

Devise : *Prudenter et sincere.*

Bedin (de).

V. Charbonnier. — De la Roche.

Begault de Cherves, — de la Fromentalière.

De gueule à cinq fleurs de lis d'or posées trois et deux, au canton dextre de sable chargé d'un lion d'or armé et lampassé de gueule.

Dumesnil, mss. 995, p. 11. — Audouys, mss. 994, p. 38.

Begeon (de) de Villemainsent.

D'argent à la fasce de gueule dentelée de sable accompagnée de trois étoiles de gueule posées deux et une.

Dumesnil, mss. 995, p. 11. — Audouys, mss. 994, p. 27.

Beguier.

De sable à un peigne d'or.

D'Hozier, mss., p. 1273. — V. Beiguier.

Beguier du Marais, — de Chamboureau ; — dont un membre de l'Académie d'Angers en 1751, guillotiné en 1793.

Parti d'argent à dix besans de gueule posés cinq et cinq en rosace ; parti de gueule à cinq burelles d'argent.

De Soland, 1864, p. 97. — V. Beiguier.

Beiché du Verger.

D'argent à un croissant de gueule accompagné de trois étoiles de même deux en chef et une en pointe.

D'Hozier, mss., p. 461.

Beignier.

De gueules à trois fasces d'or.

D'Hozier, mss., p. 939.

Beiguier.

D'argent à une croix fleuronnée de gueule.

D'Hozier, mss., p. 932. — V. Beguier.

Bejarry (de) du Poiron ; — dont Jacques et Jean, célèbres capitaines huguenots en 1590 ; trois chevaliers de Malte en 1784.

De sable à trois fasces d'argent.

Sceau. — Beauchet-Filleau et de Courcy.

Belaine (de) de Bazeau.

D'argent à une baleine de sable.

D'Hozier, mss., p. 1342.

Belanger.

V. Bellanger.

Belcourt (de) de Bétancourt ; — dont Henri, gouverneur des Ponts-de-Cé en 1647.

Belenaie (de la).

V. Chalopin.

Belhère (de).

V. de Bellère.

Beligan (de).

V. Ayrault.

Belin du Peray ; — dont Jean, maire d'Angers en 1493.

D'azur à trois têtes de béliers d'or posées deux et une.

Audouys, mss. 994, p. 16. — Gencien, mss. 996, p. 1. — Le mss. 993, le mss. d'Orléans, le mss. 703 et le mss. 972, p. 144, donnent au maire les armes suivantes, reproduites par M. Lambron de Lignim :

D'argent à trois rocs déchiquier de sable posés deux et un.

Pierre Belin, curé de Chanteloup à la fin du xviie siècle, portait :

De sinople à une croix potencée d'or rayonnée de même.

D'Hozier, mss., p. 320.

Une famille Belin qui habitait La Flèche en 1690, portait :

D'or à une fasce de sable accompagnée de trois roses de même, deux en chef et une en pointe.

D'Hozier, mss., p. 337. — V. Averton.

Belinaie (de la) de la Belottière ; — dont deux chevaliers de Malte en 1626, 1661 ; quatre conseillers au parlement de Bretagne, XVIᵉ siècle ; un maréchal de camp en 1784 ; un lieutenant général en 1814.

D'argent à trois rencontres de béliers de sable.

Sceau, XVIIIᵉ siècle. — De Courcy.

Belinière (de la).

V. Audouin.

Bellalée.

De gueule à trois chiens d'argent courant l'un sur l'autre.
D'Hozier, mss,. p. 1197,

Bellanger (de).

D'argent à un casque d'azur accompagné de trois clous de sable en pointe.

Mss. 993. — V. Belanger.

Bellanger de la Jarriaie ; — dont François, sénéchal de Beaufort, 1564, maire d'Angers, 1598-1599.

D'argent à la tête de lion arrachée de gueule mornée surmontée en chef de trois merlettes de même.

Gohory, mss. 972, p. 157. — Gencien, mss. 996, p. 6. — Audouys, mss. 994, p. 22. — Mss. d'Orléans. — V. Belanger.

Bellanger du Houssay, — des Barres.

De sable à trois lions d'argent armés, couronnés et lampassés de gueule posés deux et un.

Gohory, mss. 972, p. 129. — Gencien, mss. 996, p. 19, — Audouys, mss. 994, p. 37. — V. Belanger,

Bellanger (de).

Losangé d'or et de gueule de quatre traits.

Gencien, mss. 996, p. 19. — Audouys, mss. 994, p. 37. — Gohory, mss. 972, p. 101. — V. Belanger.

Bellanger de Ramefort.

Losangé de gueule et d'or, écartelé d'azur à une bande d'argent chargée de trois croix pattées de gueule.

D'Hozier, mss., p. 438. — V. Belanger.

Bellay (de).

D'or à trois mufles de lion de gueule, la tête coupée à l'oreille.

Armorial mss. de 1608, p. 7. — Roger, mss. 995, p. 16. — Audouys, mss. 994, p. 25, et Gencien, mss. 996, p. 21, et le mss. d'Orléans, disent... *mufles de lion d'azur...* — Les de Bellay, au Maine, portaient : *de sable à trois molettes d'argent posées deux et une.*

Bellay.

De gueule à un chevron d'or.

D'Hozier, mss., p. 1013.

Bellay (du) de Langey, — de La Flotte, — de la Feuillée, — de la Courbe, — de la Pallue, — de Raguin, — de Liré, — du Plessis-Macé, — de Thouarcé, — de Commequiers, — des Buarts, — de Montreuil, — de Gizeux, — d'Yvetot, — de Bois-Raganne ; — dont Gosselin de Berle et Angeldus, son frère, croisés en 1158 ; plusieurs chevaliers de Malte ; Nicolas, commandeur de Fieffes en 1527 ; Joachim, le poète ; Martin, l'historien, chevalier du Saint-Esprit, 1620 ; trois abbés de Saint-Florent : Jean, 1404-1431, Jean, 1431-1474, Louis, 1474-1504 ; Eustache, abbé de Saint-Aubin d'Angers et de

Saint-Maur, 1564 et 1550; Philippe, abbesse du Ronceray d'Angers, 1450; trois abbesses de Nyoiseau : Anne en 1581, Guyonne † en 1643, Louise † en 1644; Martin, abbé de Saint-Melaine en 1724, et évêque de Fréjus en 1759; Claude, abbé de Savigny et prieur de Cunault et d'Alonnes au XVIIᵉ siècle.

D'argent à la bande fuselée de gueule accompagnée de six fleurs de lis d'azur, trois à dextre et trois à senestre.

Support : *Deux griffons d'or.*

D'après les armes de Martin du Bellay, prince d'Yvetot : *et à dextre un lion, à senestre un aigle,* d'après les armes de Jean du Bellay, gouverneur d'Anjou.

Cimier : *Une rencontre de taureaux de gueule supportant une tête de maure entourée de lambrequins.*

Mss. d'Orléans. — Roger, mss. 995, pp. 1, 2, 3. — Dumesnil, Armorial mss., p. 11. — Armorial mss. de 1608, p. 7. — Sceau, XVIIᵉ siècle. — Mss. 993 et 999. — Gencien, mss. 996, pp. 16, 77. — Gaignières, Armorial mss., p. 4. — Mss. E 285, à la bibliothèque du Prytanée militaire. — D'Hozier, mss., p. 156. — Anciens vitraux d'Andard. — Audouys, mss. 994, p. 21. — Le mss. 439, de la Bibliothèque nationale, donne à la branche du Plessis-Raganne *les fleurs de lis de gueule.* — V. Camus.

Bellée (de).

De sable à trois molettes d'argent posées deux et une.

Gencien, mss. 996, p. 24. — Audouys, mss. 994, p. 37. — Mss. 972, p. 130.

Bellefaye.

D'azur au chevron d'or.

Mss. 995. — Gencien, mss. 996, p. 24. — Audouys, mss. 994, p. 37.

Bellefond de la Touche.

D'azur au chevron d'or accompagné de trois losanges d'argent.

Trés. hérald. — Cauvin.

Bellefonds (de).

V. Pissonnet.

Bellefontaine (de).

V. Auvé, — De Pierre, — D'Ozouville.

Bellefontaine, abbaye bénédictine fondée au XIIe siècle, rétablie par les trappistes en 1815.

D'argent à la fontaine de pourpre accompagné de trois étoiles de même posées en chef.

L'écu adextré d'une croix et senestré d'une mitre est couronné et sommé d'un chapeau de sinople à trois rangs de houppes de même.

Devise : *Aquæ ejus fideles sux.*

Sceau. — Sculpture aux voûtes de l'église de Bégrolle.

Belle-Ile (de).

V. de la Tulaye. — Fouquet.

Belle-Jambe (de).

V. Lemaistre.

Bellère (de) du Tronchay, — de la Touche, — de la Ragottière ou Ragotterie, — du Cazeau ; — dont Louise, religieuse dite sœur Louise, morte en grande réputation de sainteté.

D'azur à un porc-épic d'or.

Devise : *Tot tella quot hostes.*

Mss. 439. — D'après d'Hozier, mss., p. 319, la branche du Cazeau portait : *de sable...* au lieu *d'azur.* — La généal. officielle de 1668, mss. 14, dit *d'or au porc-épic de sable.*

Belle-Rivière (de).

V. Prézeau.

Bellesme (de).

D'argent à trois chevrons de gueule.

C. de Montzey, Hist. de La Flèche.

Belle-Touche (de la).

V. Cador.

Belleville (de).

Gironné de vair et de gueule de dix pièces.

Audouys, mss. 994, p. 35. — V. de Harpedaine.

Belleville (de) de la Ploutière.

D'argent à un sautoir de sable cantonné de quatre aigles de même.

Devise : *Honor et æterna quies.*

Mss. 439. — V. de Harpedaine.

Belle-Vue (de).

De sable au chevron d'argent.

Sceau.

Bellier.

D'azur à un bélier d'argent passant en fasce et accompagné de six montreuils d'or rangés trois en chef et trois en pointe.

D'Hozier, mss., p. 764.

Bellière (de la).

D'or au chef emmanché de sable.

Audouys, mss. 994, p. 28, dit *d'azur* au lieu *d'or,*

Bellière (de la) de la Cour.

D'argent au chef de gueule à six molettes rangées trois sur le chef et trois sur le champ de l'un en l'autre.

Armorial mss. de 1608, p. 7. — Mss. 972, p. 59. — V. de Montjean. — De Rougé. — Cochelin. — De la Cour.

Bellière.

Vairé d'argent et de gueule.

D'Hozier, mss., p. 923.

De sinople à un char d'or.

D'Hozier, mss., p. 921. — V. de Coesme,

Belligan (de).

V. Ayrault,

Belligné (de) ou de Belligny.

V. du Bouchet. — De Daillon. — De Ghaisne. — De la Béraudière.

Belmont (de).

D'or à deux fasces d'azur.

Gencien, mss. 996, p. 18. — V. de Beaumont.

Belloneau (de).

V. de Besonelle.

Beloczac.

Fascé vairé d'argent et d'azur de cinq pièces,

Mss. 993,

Belœil (de).

V. du Breil.

Belœuvre de la Guignardière.

De sable à deux yeux d'argent.

D'Hozier, mss., p. 1986.

Belonnière (de la).

V. Pelisson. — De la Rivière. — Savary.

Belot de Napvril, — de Marthou, — de la Fessardière; — dont Charles, procureur du roi à Angers; Paul, avocat du roi à Baugé, 1575.

D'azur à la bande d'or chargée de trois coquilles de gueule et accompagnée de deux lions d'or l'un en chef et l'autre en pointe lampassé et armé de même.

D'Hozier, mss., p. 579. — Le mss. 439 et la Généalogie des Gohin, mss. 993, disent... *bande d'argent...* — Audouys, mss. 994, p. 16, dit aussi : *d'or à la bande de gueule chargée de trois larmes d'argent accostées de deux lions de gueule...* — V. Varice.

Belot du Joreau.

D'azur à un lion d'or surmonté d'un soleil de même.

D'Hozier, mss., p. 901.

Belot.

De gueule à deux léopards d'or posés l'un sur l'autre.

D'Hozier, mss., p. 942.

D'azur à une belette d'or.

D'Hozier, mss., p. 1401.

D'azur à une houppe d'or nouée en triple sautoir et tortillée à dextre et à senestre par un gland surmonté d'une rose d'or accostée de deux étoiles aussi d'or.

Carré de Busserolle.

Beloteau (de) de la Treille ; — dont Antoine, secrétaire de Monsieur, frère du Roi, président et sénéchal de Montreuil, annobli en 1592.

D'azur à un lion d'or au chef de gueule.

Généal. de 1668, mss. 14. — Mss. 439. — V. Falloux.

Belottière (de la).

V. Binet. — Gohin. — De la Pastellière. — Lohéac.

Belzunce (de) de Castelmoron.

D'or à deux vaches de gueule, accornées, accolées et clarinées d'azur, qui est de Béarn.

Depuis 1407, les Belzunce écartelèrent :

Aux deux et trois d'argent, à une hydre de sinople à sept têtes, dont l'une est coupée et tient encore un peu au col avec quelques gouttes de sang qui coulent de la blessure.

La Chesnaye-des-Bois, II, p. 895.

Anne–Marie–Louise de Belzunce de Castelmoron, abbesse du Ronceray, 1710-1742, portait :

Écartelé au premier d'or tranché de gueule, tiercé d'azur ; au deuxième d'azur à trois léopards d'or passants armés, lampassés et couronnés de gueule ; au troisième de gueules parti d'or au chef de gueule ; au quatrième de gueules à trois chevrons d'argent : l'écu écartelé comme ci-dessus, brochant sur le tout.

Ballain, mss. 867, p. 230.

Bemont.

De gueule à la croix pleine d'argent cantonnée de quatre billettes de même.

Gencien, mss. 996, p. 18.

Benais (de).

V. de Laval.

Benardaie (de la).

V. Simon.

Benardière (de la).

D'argent à trois aigles d'azur becquées et membrées de gueule.

Gencien, mss. 996, p. 23. — Audouys, mss. 994, p. 37. —
V. Borreau. — D'Aubigné.

Benaudière (de la).

V. Chevaie. — De Brie.

Bénehard (de).

D'or à trois fasces ondées entées de gueule.

D'Hozier, mss., p. 358. — V. de Maillé.

Benesteau.

De gueule à deux haches d'argent posées en sautoir.

D'Hozier, mss., p. 1131.

Benetaie (de la).

V. Le Poulchre.

Benichère (de la).

V. de Cantineau.

Bennerie (de la).

V. Le Petit. — D'Orvaulx.

Benoist d'Azy, — de la Motte-Rigou, — de la Motte-Baracé; — dont Vincent, maire d'Angers en 1751; Louis, notaire royal en 1694; André, chanoine régulier, prieur de Saint-Georges-du-Bois en 1761; René, capitaine au régiment de Vermandois-infanterie, 1761; Pierre, avocat au présidial d'Angers, conseiller honoraire de Monsieur, 1752; Pierre-Vincent, conseiller d'Etat, 1814-1815, député de Maine-et-Loire, ministre d'Etat, 1828, commandeur de la Légion d'honneur; Auguste, naturaliste, chevalier de la Légion d'honneur, ordonnateur de la marine à la Guyane française, 1799.

D'azur au perroquet d'or perché sur une branche d'olivier de même posée en fasce.

Audouys, mss. 994, p. 22. — Le mss. 993 dit pour le maire d'Angers :

D'azur au faucon d'or essorant et enserrant un rameau de laurier de même, comme M. Lambron de Lignim.

Le jeton gravé donne pour devise : « *Bene facientes benedicti,* » que portent les Benoist-d'Azy.

Benoist.

De gueule à une fasce d'argent accompagnée de deux cors de chasse d'or l'un en chef et l'autre en pointe.

D'Hozier, mss., p. 870.

Benoistaie (de la).

De gueule à un lion d'or parti d'azur à trois bandes d'or à la bordure endentée de gueule.

Mss. 995, p. 112. — Audouys, mss. 994, p. 27.

Beranger.

D'or à une bande de sable chargée de trois croissants d'argent.

D'Hozier, mss., p. 1032. — V. Bérenger.

Beranger (de) de la Guitterie.

Gironné d'or et de gueules de huit pièces.

Généal. de 1667, mss. 14. — V. Berenger.

Bérangeraie (de la).

V. de Cheorcin.

Berard (de) de la Croix, — de la Boullaie, — de la Gouberie.

D'argent à une fasce de gueule chargée de trois trèfles d'or accompagnée de trois sauterelles de sinople.

Roger, mss. 995, p. 2. — Audouys, mss. 994, p. 33.

Berard du Bas-Plessis; — dont G. Berard-Heraudière taxé deux écus entre les nobles de Montrevault; et Pierre, entre les nobles de Montfaucon, pour la rançon du roi Jean en 1360.

D'argent fretté de sable.

Mss. 703.

Berard de la Tour-de-Meniers.

Burelé d'argent et de gueules.

Mss. 703 de la Bibliothèque nationale.

Berardière (de la).

V. Gilles. — De Mandon. — De Russon.

Berardières (des).

V. Petit.

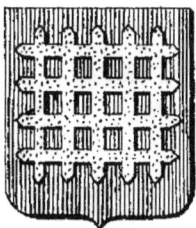

Appelvoisin.

d'Aquin.

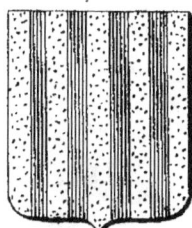

d'Aragon.

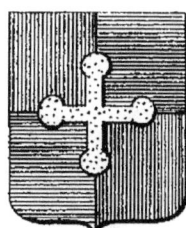

d'Ardenne

d'Armagnac.

d'Armaillé.

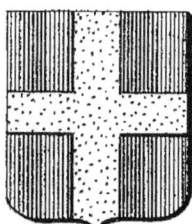

d'Armilly.

H. Arnaud.

Arnous-Rivière.

d'Arthuys.

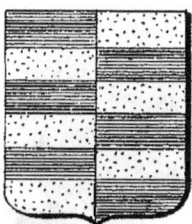

Asnières Bellay
(abbaye d')

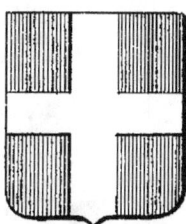

d'Aspremont

Aubert
du Petit Thouars.

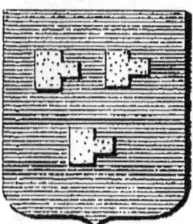

d'Aubert.

des Aubiers.

d'Aubigné.

12.

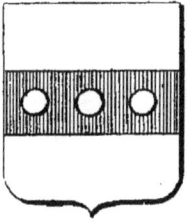

d'Aubigné.

des Aubus .

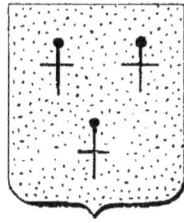

Augier.

d'Aulnières.

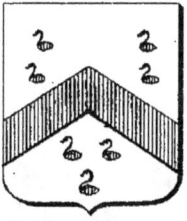

d'Aumont.

d'Aunière.

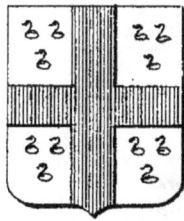

Auvé.

Auxépaules.

d'Avaugour.

Aveline.

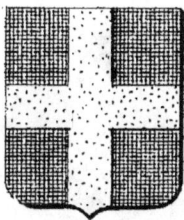

Prieuré d'Aviré.

d'Avoine.

d'Avoine.

d'Avoir.

d'Avoir.

Avril.

13.

Avrillé
(Prieuré d')

Ayrault

Azé
(Prieuré d')

d'Azincourt

F. Babin.

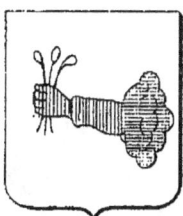

Babou.

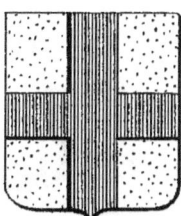

Bagneux
(Prieuré de)

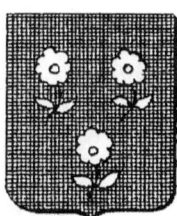

Bagnolet.

de Baïf.

Baillou.

J. Balue.

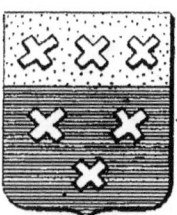

de Balzac.

de Baracé.

de la Barbée.

Barin.

Barjot.

14

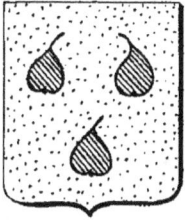

Baron.

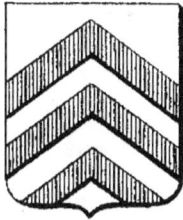

de Bassompierre.

Baudin.

Baudinau.

de Baugé.

Ville de Baugé

Bault.

Bautin.

Bazoges.

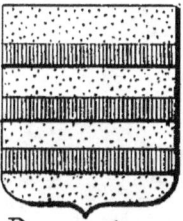

Bazouges.

Beaufort
(Ville).

Beaufort
(Ville).

Beaufort Roger.

Beaumanoir.
Lavardin.

Beaumont
Le Vicomte.

Beaumont
du Plessis Macé.

15.

des Champs.

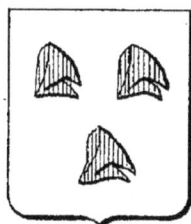

Chaperon
de la Chaperonnière

Charlot
de Princé.

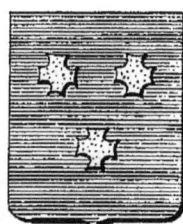

de Charnacé.

Charpentier.

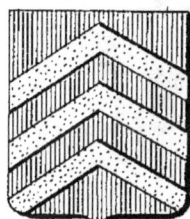

de Château-Gontier

Château-Gontier
(Ville de)

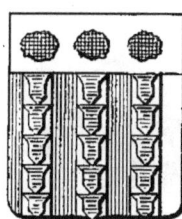

de Chatillon.

Chavagnes
(Prieuré de)

Chazé
(Prieuré de)

de Chemillé.

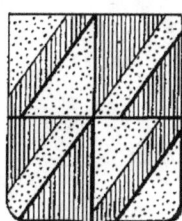

Chemillé
(Ville de)

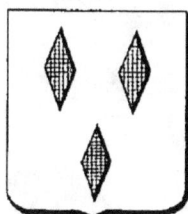

Cheminard
de Chalonge.

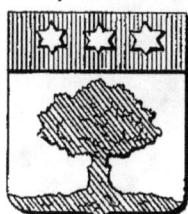

de Chénedé.

Chenu
du Bas-Plessis.

de Chérité.

22.

Chevalier
de la Rouaudière.

Chevaye
du Plessis.

de Cheverue.

de Chivré.

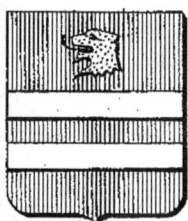

Chol de Torpanne.

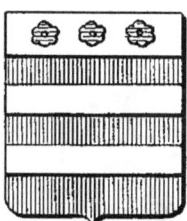

de Cholet
de la Joubeaudière.

Cholet
(Ville de)

Chotard
de l'Ansonnière.

de Clermont.

de Clisson.

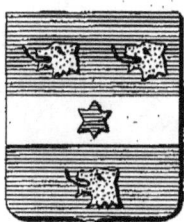

Cochelin.

de Coesme
de Lucé.

Cohon.

Concourson.
(Prieuré de)

de Contades.

de Cornulier.

23.

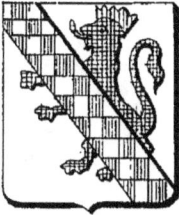

de Dieusie

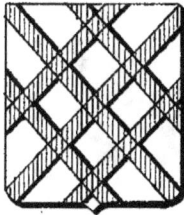

de Domagné

de Donadieu

des Dormans

Doué-la-Fontaine
(Ville de)

de Dreux

Drouet
de Marconnay

Druillet
de l'Isle

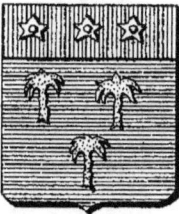

Cardinal Dubois

Durfort
de Civrac

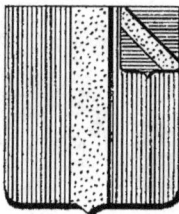

Durtal

d'Epeigne

Ernault

d'Erquency

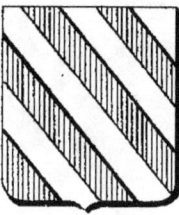

d'Escajeul

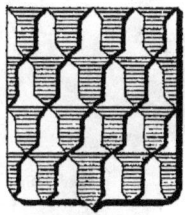

d'Escharbot

26

de l'Etoile

de la Faucille

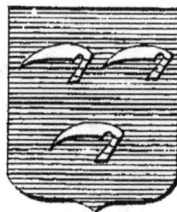

Faulquier

Madeleine de Faye
(Prieuré)

de Fenouillet

Ferrault

Ferron

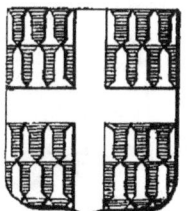

de Feschal

Feuquerolle.

Fief-Sauvin
(Prieuré)

Fillastre

St Sauveur de Flée
(Prieuré)

de Fontaine Guérin

de Fontenailles

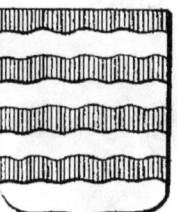

Fontevrault
(Abbaye)

Fontevrault
(Religieux)

22

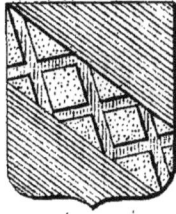

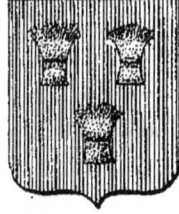

| de la Forest d'Armaillé | de la Forest d'Yvonne | de Fos | Fosse Bellay (Prieuré) |

de Foucault   de Foucault   Fouquet de la Varenne   Fournier e Boisairault.

Frain du Tremblay   Frain de la Vrillère   de la Frenaye   Freppel

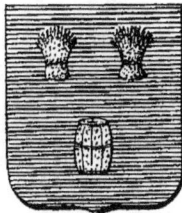
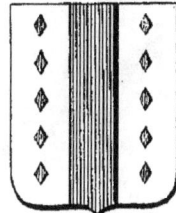
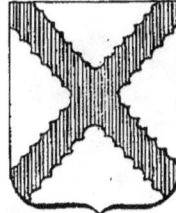

Frogier   Frotier de Bagneux   de Froullay   Frubert

99

Fruchaud

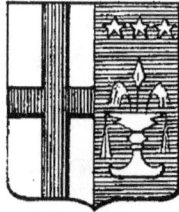

Dom Fulgence

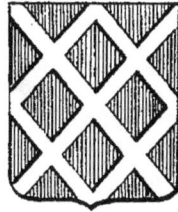

Gabeau

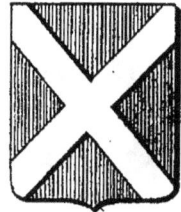

Galais de la
Biltière

Galoway

Garande

de la Garde

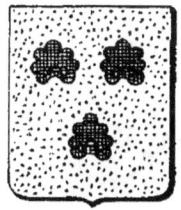

Garnier

Garreau de
la Barre

Gaudicher

de Gaullier

Gaullier
de la Grandière

Gaultier
de Boumois

Gaultier de
la Blanchardière

Gaultier
de Launay

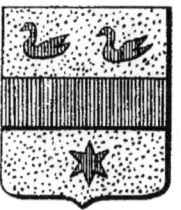

Gaultier
de la Grange

Gaultret

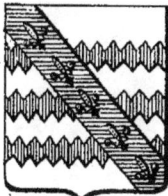
Gencian

Gendry

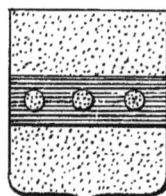
de Gennes

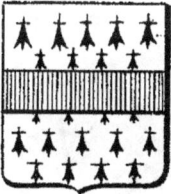
Gennes

Ville de Gennes

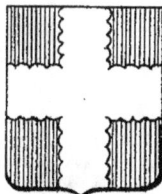
Gesté
(Prieuré)

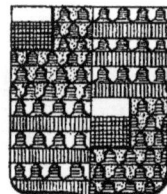
de Ghaisne

Gibot

Giffard

Gillier

Gillot

Girard de
Charnacé

Girault

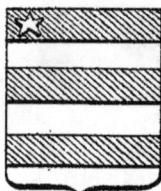
de Glandèves

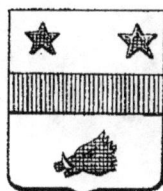
de Goddes

31

10 Octobre 21

ARMORIAL GÉNÉRAL

DE

L'ANJOU

D'APRÈS

LES TITRES ET LES MANUSCRITS DE LA BIBLIOTHÈQUE NATIONALE,
ET DES BIBLIOTHÈQUES D'ANGERS, D'ORLÉANS, ETC.
LES MONUMENTS ANCIENS,
LES TABLEAUX, LES TOMBEAUX, LES VITRAUX, LES SCEAUX,
LES MÉDAILLES, LES ARCHIVES, ETC.

PAR

M. Joseph DENAIS

OFFICIER D'ACADÉMIE,

Chevalier de l'ordre pontifical de Saint-Grégoire-le-Grand,
Membre de la Commission Archéologique de Maine-et-Loire, de la Société des Antiquaires de l'Ouest,
des Antiquaires de Normandie, des Sociétés historiques et archéologiques du Maine,
de Touraine, du Limousin, etc.

CINQUIÈME FASCICULE

ANGERS

GERMAIN ET G. GRASSIN, IMPRIMEURS-LIBRAIRES
RUE SAINT-LAUD.

1879

L'auteur de l'Armorial voudrait avant tout faire une œuvre consciencieuse, exempte, s'il était possible, d'omissions et d'erreurs. Il s'adresse à toutes les familles qui ont le droit de voir figurer leur nom dans cette publication, à tous les amis de l'histoire et de l'archéologie de notre province, les priant instamment de lui envoyer le plus tôt possible les renseignements, — et, s'il y a lieu, les rectifications, — qu'ils pourraient lui fournir et qu'il recevra toujours avec gratitude.

J. D

ARMORIAL GÉNÉRAL

DE

L'ANJOU

D'APRÈS

LES TITRES ET LES MANUSCRITS DE LA BIBLIOTHÈQUE NATIONALE,
ET DES BIBLIOTHÈQUES D'ANGERS, D'ORLÉANS, ETC.
LES MONUMENTS ANCIENS,
LES TABLEAUX, LES TOMBEAUX, LES VITRAUX, LES SCEAUX,
LES MÉDAILLES, LES ARCHIVES, ETC.

PAR

M. Joseph DENAIS

OFFICIER D'ACADÉMIE,

Chevalier de l'ordre pontifical de Saint-Grégoire-le-Grand,
Membre de la Commission Archéologique de Maine-et-Loire, de la Société des Antiquaires de l'Ouest,
des Antiquaires de Normandie, des Sociétés historiques et archéologiques du Maine,
de Touraine, du Limousin, etc.

SEPTIÈME FASCICULE

ANGERS

GERMAIN ET G. GRASSIN, IMPRIMEURS-LIBRAIRES

RUE SAINT-LAUD.

1880.

L'auteur de l'Armorial voudrait avant tout faire une œuvre consciencieuse, exempte, s'il était possible, d'omissions et d'erreurs. Il s'adresse à toutes les familles qui ont le droit de voir figurer leur nom dans cette publication, à tous les amis de l'histoire et de l'archéologie de notre province, les priant instamment de lui envoyer le plus tôt possible les renseignements, — et, s'il y a lieu, les rectifications, — qu'ils pourraient lui fournir et qu'il recevra toujours avec gratitude.

J. D.

PRINCIPALES ABRÉVIATIONS USITÉES DANS L'ARMORIAL

P. Anselme. — La science héraldique, 1675, in-4°. — Histoire généalogique de France, 9 vol. in-fol., 1726.

Armorial mss. de 1608. — Dans le recueil mss. 995 de la Bibliothèque d'Angers.

Audouys, mss. 994. — Armorial du xviii° siècle, mss. 994 de la Bibliothèque d'Angers.

Ballain. — Annales d'Anjou, mss. 867 de la Biblioth. d'Angers.

Beauchet-Filleau. — Dictionnaire général du Poitou, 1849-1854, 2 vol. in-8°.

Bruneau de Tartifume. — Angers, mss. 871, à la Bibl. d'Angers.

Carré de Busserolle. — Armorial de Touraine publié en 1867, in-8°.

Cauvin. — Armorial du Maine, publié en 1843, in-18. — Supplément par M. de Maude, 1860, in-12.

Chevaliers du Saint-Esprit. — Mss. E. 285. au Prytanée militaire.

De Courcy. — Armorial de Bretagne, publié par Potier de Courcy en 1862, 2° édition, 3 vol. in-4°.

D. P. — Note communiquée.

Dumesnil. — Armorial de Dumesnil d'Aussigné, xvii° siècle, dans le recueil mss. 995 à la Bibliothèque d'Angers.

Gaignières. — Armor. mss. de Gaignières, à la Biblioth. nationale.

Gencien. — Armorial (attribué jusqu'ici à Gohory) dressé par Gencien d'Érigné, xviii° siècle. mss. 996 de la Bibl. d'Angers.

D'Hozier mss. — Armorial général officiel dressé de 1696 à 1706, mss. de la Bibliothèque nationale, — généralité de Tours (à moins d'indications contraires).

La Chesnaye-des-Bois. — Dictionn. de la noblesse. édit. de 1869, 15 vol. in-4°.

Lehoreau. — Cérémonial de l'église d'Angers. 1692-1720 mss. à la bibliothèque de l'Evêché d'Angers.

Louvan Geliot. — La vraie et parfaite science des armoiries, in-fol., 1664.

Mss. 14. — Généalogies angevines, 1666, originaux du cabinet des titres, à la Bibliothèque nationale.

Mss. 439. — Maintenue de la noblesse de la généralité de Tours, en 1666, mss. à la Bibliothèque nationale.

Mss. 703. — Arm. mss. d'Anjou du xviii° siècle, Bibl. nationale.

Mss. 972 et 983. — Arm. mss. de Gohory, 1608, Bibl. nationale.

Mss. 993. — Collection de notes héraldiques, recueil de la Bibliothèque d'Angers.

Mss. 995. — Armor. mss. du xvii° siècle, à la Biblioth. d'Angers.

Mss. 999 à 1001. — Armoriaux des chevaliers du Croissant, xvii° siècle, à la Bibliothèque d'Angers.

Mss. d'Orléans. — Armorial d'Anjou, dressé en 1698, mss. à la Bibliothèque d'Orléans.

Ménage. — Histoire de Sablé (première partie), 1683.

C. Port. — Diction. de Maine-et-Loire, 3 vol. in-8° (1869-1878).

Roger, mss. — Rôle des nobles, écrit par B. Roger au xvii° siècle, mss. 995 de la Bibliothèque d'Angers.

Sainte-Marthe. — Histoire généalogique de France, 2 vol. in-fol., 1628.

Sceaux. — Sceaux d'après les empreintes ou les matrices.

Versailles, croisades. — Peintures de la salle des Croisades, palais de Versailles.

OUVRAGES RELATIFS A L'ANJOU ET AU MAINE

MONOGRAPHIE DE NOTRE-DAME DE BEAUFORT, église et paroisse, de l'origine jusqu'à nos jours, par M. Joseph DENAIS. — Un beau vol. in-8°, gravures et plans.
Le même, in-12 de 563 pages, gravures et plans, 4 fr.

HISTOIRE DE L'HOTEL-DIEU DE BEAUFORT (1412-1871), par le même auteur. — In-12 en deux couleurs, 1 fr. 50.

UNE MAISON D'ÉDUCATION PENDANT TROIS SIÈCLES : le collège de Beaufort fondé en 1577, par le même auteur (*pour paraître prochainement*).

LE CHATEAU DE BEAUFORT, ses comtes et ses seigneurs, par le même auteur (*en préparation*).

LE PAPE DES HALLES, RENÉ BENOIST, angevin, évêque de Troyes, surintendant du collège de Navare, conseiller du roi, doyen de la Faculté de Théologie de Paris, confesseur de Marie Stuart et de Henri IV, curé de Saint-Eustache de Paris (1521-1608), par le même auteur. — In-8°, papier vergé de Hollande, portrait sur cuivre du xvii° siècle, 5 fr.

L'ABBAYE DE CHALOCHÉ, au diocèse d'Angers (1119-1790), par le même auteur. — In-8°, papier de Hollande.

JEAN TARIN, angevin, recteur de l'Université de Paris (1580-1666), par le même auteur. — Brochure in-8°, papier de Hollande.

OLIVIER LEVÊQUE ET LA FONDATION DU COLLÉGE DE SABLÉ EN 1602, par le même auteur. — In-8°, papier de Hollande.

LES VICTIMES DE QUIBERON, d'après le manuscrit du général Lemoine, par M. Joseph DENAIS. — In-8°, papier de Hollande, 3 fr.

DAVID D'ANGERS, sa vie, son œuvre, ses écrits et ses contemporains, par M. Henry JOUIN, ouvrage couronné par l'Académie française. — 2 vol. grand in-8° richement illustrés. Prix : 50 fr. Sur papier de Hollande, 200 fr.

ARMORIAL GÉNÉRAL

DE

L'ANJOU

D'APRÈS

LES TITRES ET LES MANUSCRITS DE LA BIBLIOTHÈQUE NATIONALE,
ET DES BIBLIOTHÈQUES D'ANGERS, D'ORLÉANS, ETC.
LES MONUMENTS ANCIENS,
LES TABLEAUX, LES TOMBEAUX, LES VITRAUX, LES SCEAUX,
LES MÉDAILLES, LES ARCHIVES, ETC.

PAR

M. Joseph DENAIS

OFFICIER D'ACADÉMIE,

Chevalier de l'ordre pontifical de Saint-Grégoire-le-Grand,
Membre de la Commission Archéologique de Maine-et-Loire, de la Société des Antiquaires de l'Ouest,
des Antiquaires de Normandie, des Sociétés historiques et archéologiques du Maine,
de Touraine, du Limousin, etc.

HUITIÈME FASCICULE

ANGERS

GERMAIN ET G. GRASSIN, IMPRIMEURS-LIBRAIRES
RUE SAINT-LAUD

—

1880

L'auteur de l'Armorial voudrait avant tout faire une œuvre consciencieuse, exempte, s'il était possible, d'omissions et d'erreurs. Il s'adresse à toutes les familles qui ont le droit de voir figurer leur nom dans cette publication, à tous les amis de l'histoire et de l'archéologie de notre province, les priant instamment de lui envoyer le plus tôt possible les renseignements, — et, s'il y a lieu, les rectifications, — qu'ils pourraient lui fournir et qu'il recevra toujours avec gratitude.

J. D

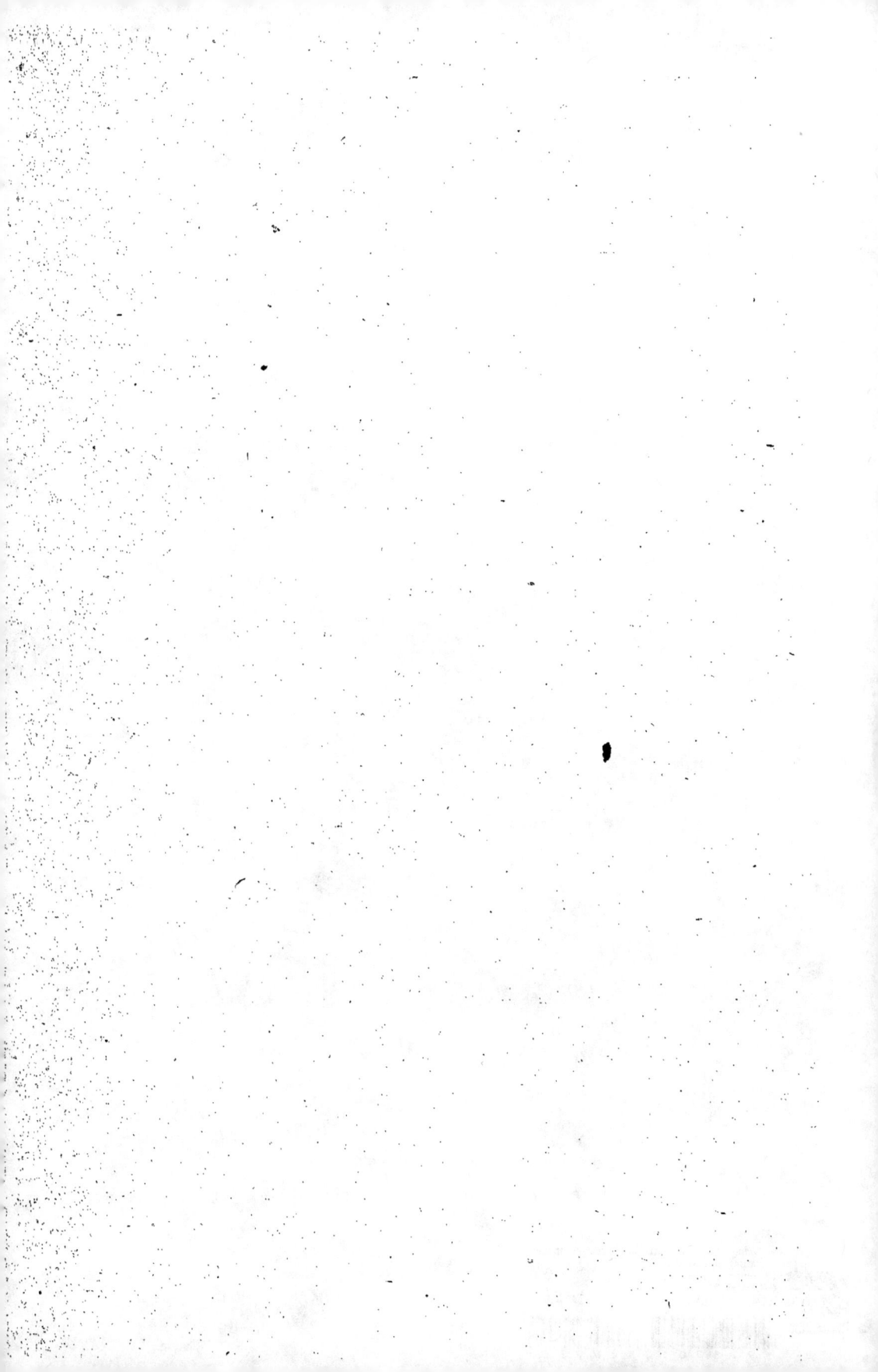

www.ingramcontent.com/pod-product-compliance
Lightning Source LLC
Chambersburg PA
CBHW052046270326
41931CB00012B/2647